香港精神健康法例實用指南

# 香港精神健康法例實用指南

陳連基 著

郭志慧、羅健業 譯

香港大學出版社

香港大學出版社
香港薄扶林道香港大學
https://hkupress.hku.hk

ISBN 978-988-8528-64-6（平裝）

10 9 8 7 6 5 4 3 2 1

亨泰印刷有限公司承印

紀念我的父親陳彥民博士

# 目錄

第三部分

# 序言

　　失去精神行為能力人士無力保護自己，所以法律應保障他們免受剝削。同時，照顧這些人士會令身心十分疲累，因此法律不應要求照顧者承擔過分繁複的行政責任。此外，家人之間對失去精神行為能力人士的最佳照顧可能有不同意見，有時，某些緣故令到家人之間無法解決各自的分歧。在該些情況下，法律需提供快捷而有效的辦法以解決分歧。儘管香港沒有設立保護法庭，但在過去的十年中，我們的精神健康法律已取得頗為重大的發展。隨著2005年頒布的《實務指示》30.1，法庭為失去精神行為能力人士委任產業受託監管人的案件愈來愈多，並且就《精神健康條例》第 II 部項下監督權的諸多方面，以至它與其他監督那些人士福利的機關，如監護委員會、社會福利署署長等的互動，在案例中作出分析及判決。因此，在香港出版一本有關精神健康法例的書籍正合時宜。我必須祝賀陳連基律師為這項工作所付出的努力，她對促進這法律領域發展的健全和適當參與有重大貢獻。本書為這領域的從業者提供了有用且最新的指引，故此我非常推薦本書給律師和學生。

高等法院上訴法庭副庭長

林文瀚法官

# 自序

你知道嗎？隨著人口老化，到了2036年，香港大約有三分之一的人口將年滿65歲或以上。[1] 同時，香港男性的平均壽命將升至87歲，而女性則超過90歲！[2]

但醫學專家預測，約一成65歲或以上的人和約三分之一80歲或以上的人，很有機會患上認知障礙症，這是造成精神上無行為能力的常見病因。[3]

換句話說，我們將要照顧因某種精神疾病而無行為能力的家人接近30年，其中最常見的是認知障礙症。根據個人經驗，我體會到要照顧在精神上無行為能力的家人是多麼辛苦的事。

我16歲時，得知當年70歲的祖母患上認知障礙症。我目睹在她80歲離世前，家父一直難以找到家居護理方面的協助。

祖母曾經多次錯怪我們的家務助理偷了她的私人物品，但其實是她自己放錯了地方。祖母的情況日益惡化，家務助理便相繼辭職了。

回首當年，我能明白到家父在缺乏足夠協助下，要在事業、義務工作和照顧家庭之間取得平衡時所面對的沉重壓力。

過去，坊間的老人科醫生和為認知障礙症病人提供專業照顧的長者中心，鳳毛麟角，我看到家父極有耐性地反覆嘗試力勸祖母求醫，尤其是在她輕微中風和開始大小便失禁後。家人因祖母不斷拒絕就醫所感受的壓力，至今仍然縈繞在我的腦海中。

---

1. 詳細資料請參閱香港政府統計處出版的《香港人口推算 2015–2064》。
2. 同上。
3. 見醫院管理局的智友站網頁 www21.ha.org.hk；Laura Chung 所著的文章 "Everything about Dementia in Hong Kong"，載 於 jmsc.hku.hk；及 由 Ruby Yu, Pui Hing Chau, Sarah M. McGhee, Wai Ling Cheung, Kam Che Chan, Sai Hei Cheung 及 Jean Woo 合著的研究論文 "Trends in Prevalence and Mortality of Dementia in Elderly Hong Kong Population: Projections, Disease Burden, and Implications for Long-Term Care"。

幸而與昔日比較，香港政府及非政府機構已竭盡全力為精神上無行為能力人士、其親屬及照顧者提供支援。但香港仍需要發展更先進的法律架構及社會福利制度，以保障有特殊需要人士的健康及財產。我亦深信我們每個人都可在自己的崗位上，各自為支援有特殊需要人士出一分力。

我從事法律工作25年，曾於私人律師事務所及法律援助署工作，包括在法定代表律師辦事處工作。一直以來，我主要處理家事訴訟、遺產規劃、財產保障，並在具爭議及無爭議的情況下，代表精神上無行為能力人士。離開政府後，我仍對私人客戶和家事訴訟深感興趣及關注，目前是私人執業的認可家事及綜合調解員，並曾任香港家事法庭的區域法院暫委法官。

多虧我的工作，我對有特殊需要人士遇到的困難有深切了解，並曾經協助他們的照顧者和親屬解決各種棘手問題。在一宗案件中，一位女士的租客拒絕把租金存入她和她媽媽的聯名銀行戶口。她媽媽已入院，說話詞不達意，因此該租客想利用她媽媽在精神上無行為能力的情況而拒絕交租。當年並無太多律師知道那位女士可採取甚麼法律程序，要求租客履行其合約義務。那位女士因面對母親的巨額醫藥費而感到無助，情緒大受困擾。

在另一宗案件中，一位私人住宅大廈管理員趁著一名沒有在世親屬的老婦入院留醫時，說服老婦把她的住宅單位轉到他名下。幸而醫務社工對事件起疑，馬上向法定代表律師和法庭報告並尋求協助，成功防止老婦被侵吞財產。從這些案件中，我發現我們作為法律專業人士，必須更努力保護精神上無行為能力人士的利益。

此外，作為長期義工，我有機會與有特殊需要的兒童相處，並留意到他們的親屬面對的各種挑戰。以我所知，香港的家庭中如果有成員是有特殊需要的兒童，例如患有嚴重自閉症或唐氏綜合症，家屬通常憂慮自己年老體弱或腦部開始退化時，其子女將由何人照顧。

有見於人口老化及壽命延長的趨勢，我相信涉及照顧精神上無行為能力人士的家屬的個案數目將會急升，我們都必須未雨綢繆，為這些挑戰早作準備，以免為時太晚。

這個法律範疇非常重要，卻鮮少討論，甚至在法律界亦然。此書旨在提高大眾對這方面的關注，為有特殊需要人士的照顧者和相關專業人員提供支援及實際指引，讓他們認識應該如何及何時尋求法律協助。

本書分為三個部分：

- 第一部分列出12個由真人真事改編的個案研究，以介紹香港相關的精神健康法例。

- 第二部分闡釋管理有特殊需要及／或精神上無行為能力人士的財產和事務的法律程序，以及須考慮的實際事宜。
- 第三部分介紹若干其他規劃工具，例如遺囑、持久授權書、正待立法的持續授權書、預設醫療指示，並參考其他普通法司法管轄區的情況，以探討香港未來的發展方向。

書末的附錄載有常用的法律及醫學辭彙，以及香港的政府與非政府機構的資源，以供參考。

希望各位喜歡閱讀本指南，並覺得既有趣又實用。

# 鳴謝

我由衷感謝所有使本書得以面世的人。

在此，我要向「精神健康資訊匯」（新成立的香港慈善機構）的聯合創辦人 Celeste、Elim、Jess、Teresa、Thelma、Gladys、Frances 衷心致謝，感謝她們擁有共同理想，協助有特殊需要人士的照顧者查找香港現有資源，以及提高社會對這日益重要議題的認識。

我特別感謝 Celeste，她對家庭、信仰的愛和奉獻，以及她所做的一切當中蘊含的積極態度，都激勵著我去撰寫本書。

感謝香港大學出版社的編輯和市場推廣團隊——Clara、Susie、Winnie、Jen，在出版過程中提供有用的指導，並耐心回答一位新手作者的問題；感謝匿名的同行評審員向我提供了最寶貴的意見；感謝我的好友和文稿編輯 Oswald、Trish、Sarina、Larina，在不同階段助我確保每一章都是準確、恰當的。

我要感謝香港大學的舊同學，特別是 Alice、Edmund、Lusina、Tony，他們的鼓勵讓我即使面臨種種挑戰，仍堅持不懈，寫畢本書。

我要感謝我的同事 Catherine 和 Hazel，沒有他們的話，我並不可能為私人客戶全職進行法律相關工作的同時，還能撰寫本書。我特別多謝 Hazel，一直站在身旁，鼓勵我衝向終點。

我十分感激同為人母的伙伴 Frances 和 Tina，幫助一位職業母親保持精神，並在送孩子上學後，一起來杯極其需要的咖啡，為一整天帶來動力。

丈夫 Andy 一直是我撰寫本書的支柱。在這過程中，我不得不感謝他無條件的愛和支持，並包容我三番五次在半夜消失，到書房工作；我亦要感謝我的三個孩子 Jethro、Nathaniel、Ashley，雖然因工作忙碌而少了時間陪伴他們，但他們都十分體諒，一直默默支持媽媽。

最後，我要感謝天父，作為一切知識的作者，也是我的力量和見識的泉源。

第一部分

# 1 個案研究

多年來，我見過不少個案，那些涉事家庭的成員有若干行為障礙，例如自閉症、認知障礙症及其他腦部疾病，也被人侵吞財產，而侵吞者有時會是他們的家人及／或照顧者。

以下是一些根據真人真事改編的個案研究，供各位參考。你也許能認得當事人及其家人所面對的若干常見問題，並且想知道家人可以如何防止他們摯愛的親人被侵吞財產，以及如何為無法在各種情況下自己做決定的親人，制定最符合他們利益的計劃。

本實用指南旨在提供一些基礎知識，助你保護無精神行為能力的至親，使他們得以對個人福祉或財務事宜作出合理決定。

如果你遇到類似的情況，或有興趣再深入了解這些問題，請尋求合適的法律意見，及／或向有關機構或政府部門查詢。

## 個案 1：繼承物業的年青人

A 夫婦五十多歲，他們的獨子 X 自幼確診患有嚴重自閉症，整體發育遲緩。X 現在 25 歲，仍然患有自閉症和癲癇，心智年齡只有 10 歲。X 最近繼承了先祖父的一個香港住宅物業。

為 X 的祖父處理遺產事宜的律師，關注 X 缺乏精神行為能力去了解並簽署法律文件，把物業轉到他名下。

A 夫婦也擔心自己年老而無力照顧 X 時，兒子可能會成為侵吞財產的目標。

## 事後發展

　　這種情況並不罕見。很多育有特殊需要子女的夫婦，都擔心自己年邁而無法照顧有特殊需要的子女時，其子女由誰來照料。處理遺產和物業轉名的律師關注 X 是否缺乏精神行為能力去簽署法律文件，是正確的做法。

　　基於上述憂慮，A 夫婦查詢他們可有甚麼選擇，最後決定指示律師根據《精神健康條例》（第 136 章）第 II 部，向香港的精神健康法庭提出申請，委任 A 太太為 X 的產業受託監管人，管理 X 的財產及財務事宜。

　　精神健康法庭在判令中列明賦予產業受託監管人的多種權力，其中包括有權就 X 繼承祖父遺贈的物業簽署所須轉名法律文件；出租該物業；並把租金收入存入產業受託監管人的銀行戶口，而該戶口只作為 X 的利益之用，包括支付 X 的醫療及其他治療費用。

　　A 太太明白她每年要向法庭提交年度賬目，對此非常樂意，因為她覺得自己正在制訂藍本，好讓將來無力照顧兒子時，方便他人接手。

　　有關產業受託監管人的職責範圍及權力，請參閱第三章及《實務指示》30.1。[1]

---

1.　香港司法機構於 2005 年 10 月 10 日發出的《實務指示》30.1。

## 個案 2：年邁商人

Y 先生在上世紀 50 年代創辦了一間家族企業，他的三個兒子都在此工作。Y 先生八十多歲，但仍頗為健康，每天都是步行上班。他的太太已在大約十年前去世。

一個早上，Y 先生如常步行上班，過路時被車撞倒，陷入昏迷，送院留醫多月。

Y 先生的兒子代父親整理銀行月結單和信用卡欠款時，發現父親近月開設了多個新的私人銀行戶口，而 Y 先生的秘書提醒他們，在車禍之後，Y 先生的一個新私人銀行戶口曾有多筆不尋常的大額提款。

兒子們其後發現，Y 先生的一個女生意夥伴 C 女士原來與 Y 先生關係密切，在車禍前約八年以來，一直免費住在 Y 先生的一個投資物業。

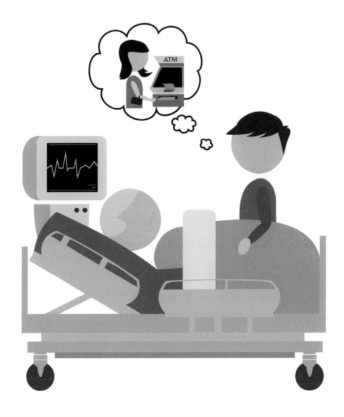

## 事後發展

雖然 Y 先生的病情有所改善，而且已經甦醒，但無法有條不紊地說話。由於腦部嚴重受損，他需要 24 小時專人護理，定期接受物理治療、職業治療及言語治療。

Y 先生的兒子最初想就有人「未經授權」而大筆提款一事報警，但與父親的會計師談過，並向銀行及第三方查詢後，發現 C 女士已得到 Y 先生的書面授權，管理 Y 先生近年開設的新私人戶口，所以決定放棄報警。

就此，Y 先生的三個兒子同意根據《精神健康條例》第 II 部，聯合申請成為 Y 先生的產業受託監管人，以防止其父親被侵吞財產，並妥善管理其父的家族企業、財產及其他財務事宜。

## 個案 3：富有的遺孀

> Z 太太是 78 歲的寡婦，膝下猶虛。丈夫身故後留下了大筆遺產給她。她的侄兒侄女分別居住於香港和內地，全部都有定期探望她。Z 太太中風後，最近確診患有認知障礙症，並入院留醫。
>
> Z 太太的侄兒侄女分成兩派（A 陣營和 B 陣營），他們對於 Z 太太是否應在出院後回家與在她中風前一直照顧她的侄女同住，抑或應入住設有 24 小時護理服務及駐院醫生的護老院，各持己見，爭論不休。
>
> A 陣營的其中一位侄女向監護委員會申請委任為 Z 太太的監護人，但 B 陣營的法律代表提出異議。與此同時，B 陣營的侄兒申請監管人法令以獲委任為產業受託監管人，管理 Z 太太的財產和有關事宜。

## 事後發展

兩個陣營的侄兒侄女都認為他們各自的代表更為適合出任《精神健康條例》第 IVB 部項下 Z 太太的監護人。由於文件不齊備，監護委員會無法訂下研訊日期。當醫院醫生指出 Z 太太已可出院時，雙方變得憂心。

期間，B 陣營的一位侄兒根據《精神健康條例》第 II 部申請委任為 Z 太太的產業受託監管人，但 A 陣營的侄兒侄女反對申請。幸而雖然雙方在法庭

上對立，但他們很快便發現在這情況下，對大家而言最佳的解決方法是委任一位獨立的產業受託監管人。

一位獨立的產業受託監管人獲委任後，與雙方陣營見面，所有侄兒侄女都同意 Z 太太馬上出院，入住設有合適護理服務的護老院，是最符合她的利益的。

不久之後，在監護委員會的研訊上，委員會評估了 Z 太太的醫療報告、社會背景調查報告以及對於護理與住宿安排的正反意見後，裁定官方監護人，即社會福利署署長，是出任 Z 太太監護人的最適合人選。

## 個案4：中風的醫療專業人士

H 醫生在55歲時二次中風，此前是在私人診所執業的名醫。他沒有簽立任何遺囑或持久授權書；雖然未婚，但有多名女性伴侶。H 醫生的父母已在數年前去世，而他沒有兄弟姊妹。

H 醫生的工作伙伴和好友 P 醫生決定向監護委員會申請委任為 H 醫生的監護人，在 H 醫生出院後馬上安排他入住寧養中心。

然而，H 醫生的其中一位女性伴侶 W 小姐不滿 P 醫生的護理安排，並希望取代 P 醫生成為 H 醫生的監護人。

## 事後發展

P 醫生獲委任為 H 醫生的監護人後，為 H 醫生在寧養中心接受的護理作出細心安排，包括聘請一名私人註冊看護、一名物理治療師、一名職業治療師及一名言語治療師照顧 H 醫生。

P 醫生竭盡所能地為 H 醫生作出合適的護理安排，並隔周探望 H 醫生，但定期探望 H 醫生的女性朋友 W 小姐批評 P 醫生，指 H 醫生的需要遭到忽略。

W 小姐亦不同意 P 醫生安排的私人物理治療及其他治療的次數，希望罷免 P 醫生作為 H 醫生監護人的資格，於是向監護委員會申請要求覆核監護令。

監護委員會定期覆核並延續監護令，而委員會的決定以病人/有關人士的最佳利益為依歸，而非某一個家庭成員的個人偏好。[2] 在這個案中，監護委員會取得社會背景調查報告並審視最新的醫療報告後，決定延續 P 醫生的監護令。

## 個案 5：自閉症露宿者不為人知的天賦

> D 先生是露宿者，一名途人見他在街上遊蕩，自言自語，又用頭撞牆直至頭破血流，於是召喚救護車把 D 先生送院治理，並報警求助。其後政府精神科醫生確診 D 先生有嚴重的認知障礙及智力障礙。
>
> 監護委員會於聆訊時向社會福利署署長索取一份社會背景調查報告，期間他們發現 D 先生的父親最近逝世，其父已成立一個信託基金，指明 D 先生是基金的唯一受益人。社會福利署署長亦發現，D 先生是學者症候群患者，在彈奏鋼琴和繪畫方面有過人的天賦。

---

2. 見《精神健康條例》第 IVB 部第 59U 節及 59O 節，以及監護委員會的網頁 http://www.adultguardianship.org.hk/admin/Data/uploadfile/174/L2Crev6.pdf。

## 事後發展

當局馬上把 D 先生的情況通知 D 先生亡父成立的信託基金的受託人，受託人向法庭申請命令委任他們為 D 先生的產業受託監管人。法庭亦委任了官方監護人，以處理 D 先生的福利及安排。

鑑於 D 先生的情況及喜好，官方監護人安排他入住一間位於元朗的政府資助宿舍，讓 D 先生可在受庇護的環境下工作，並在受過專業訓練的職員和社工陪同之下，和其他院友郊遊甚至到外地旅遊。

負責 D 先生福利的社工留意到 D 先生的天賦，於是在宿舍為 D 先生舉行畫展，並常在宿舍牆上展示 D 先生的畫作，還邀請 D 先生在節日慶祝活動及聯歡會中彈奏鋼琴。

## 個案 6：患上腦癌的名人

K 先生是一位名人，去年 39 歲時確診患有腦癌。他的健康狀況迅速惡化，在近期一個關於他抗癌經歷的傳媒訪問中，他詞不達意，口齒不清。K 先生的父母、姊妹和好友擔心他無法為自己的事情作出合理的決定，尤其是在同意醫療安排及處理財務事宜方面。

他入院時拒絕就癌症接受任何侵入性治療，並堅持沒有人有權為他作出任何決定。他說他準備隨時撒手人寰，不希望承受任何痛苦或接受手術。

醫院的醫生證明 K 先生在精神上無行為能力，無法為自己的福祉作出合理決定。K 先生的家人馬上申請緊急監護令，以便可立即採取行動保障 K 先生的利益。

## 事後發展

K 先生的家人及好友各有不同觀點。有些認為 K 先生應有權拒絕任何侵入性或非侵入性治療，自行決定如何有尊嚴地生活或結束生命；亦有人相信 K 先生無法理解建議療程的本質和效果，而拒絕治療的決定是不合理的，可能危及他的福祉。

由於有兩位醫生證實 K 先生在精神上無行為能力，並無法就他的個人事宜作出合理決定，他的家人可申請緊急監護令，採取即時行動保障 K 先生的利益，而結果正是如此。

## 個案 7：年邁女業主

> G 夫婦有一個已成年的兒子。G 先生逝世後，遺下兩個香港物業和一大筆現金給 G 太太。
>
> G 先生去世後不久，G 太太中風，她的兒子開始照顧她，並負責她的所有醫療安排和開支。其中一個租客知道 G 先生逝世和 G 太太入院留醫後，拒絕交租。
>
> 兒子警告租客，如果他繼續拒絕交租，便會採取法律行動。他申請委任為 G 太太的產業受託監管人，要求（其中包括）有權作為 G 太太的起訴監護人，代表她向租戶興訟。
>
> 但在申請期間，G 太太的兒子發現 G 太太已簽立遺囑，準備把所有遺產捐贈給她喜愛的慈善機構，並指定她的私人銀行家為遺囑執行人，而不留下任何遺產給他。

## 事後發展

兒子對於母親在遺囑中不留任何遺產給他大感震驚，於是向私人銀行家查詢，以確定 G 太太訂立這份遺囑的原因。私人銀行家對此表示理解，但不願協助或回答兒子的問題。

法庭根據《精神健康條例》第 II 部為 G 太太委任了一個獨立產業受託監管人，並就 G 太太的遺囑訂立情況進行調查。

最後法庭經考慮該案的情況，最重要是考慮 G 太太的福祉及需要後，批准簽立一份法定遺囑，以避免她的兒子、私人銀行家和作為遺產受益人的慈善機構很可能就遺囑認證的訴訟而要支付高昂的訟費。

如你對這課題有興趣，可參閱 *Re CYL* (HCMP No 2567/2005) 的判案書。在該案中，法庭授權簽立一份法定遺囑，並解釋經考慮事情的複雜程度、各當事人的立場、經評估精神上無行為能力人士的需要，以及根據《精神健康條例》第 10B (1) (e) 及 10C 條，而行使酌情權指示相關執行的原因。

## 個案 8：家人居住海外的退休鰥夫

F 先生是退休富商，他的太太最近去世。他有六個成年子女，其中五個與自己的家人分別居於加拿大、新加坡和澳洲，只有么子 N 先生和媳婦與 F 先生住在香港。

當 F 先生開始出現認知障礙症的病徵時，他的么子和香港的家人便把 F 先生跟親友隔離。其他兄姊聽到身在香港的朋友說已經數月未見 F 先生，便很擔心他的狀況。他們致電香港的弟弟和弟婦，但後者拒絕接聽，並以電郵回覆，表示父親很好，拒絕帶 F 先生去看醫生。

長姊和家人回港後，並不獲准探望父親和外公。她後來從 N 先生請來照顧 F 先生的家傭口中得知，F 先生已有兩年時間未出家門，而未經她的僱主同意，任何人都不准入屋。

## 事後發展

F 先生的其他家人和好友得悉有關情況。由於 N 先生懷有敵意，又不願與所有兄姊及其他家人合作，其他家人只好向香港律師徵詢意見。

最後 N 先生同意帶 F 先生接受醫生的評估，並出示一份醫療報告，證明雖然 F 先生有認知障礙症的早期跡象，但仍有能力管理自己的財產及事務。F 先生的其他家人其後取得有關 F 先生精神行為能力的相反醫學證據，於是根據《精神健康條例》第 II 部申請委任為 F 先生的產業受託監管人。

法庭進行了為期兩天的聆訊，以判斷 F 先生是否在精神上無行為能力而需根據《精神健康條例》第 II 部委任產業受託監管人。法庭考慮過醫療報告並聆聽了醫學專家、各兄弟姊妹和 F 先生本人的證供後，裁定 F 先生沒有能力處理他的財產及事務。

如有興趣了解更多這課題的資料，請參閱第四章〈精神上的行為能力〉。

## 個案 9：年青女商人

> M 小姐是非常成功的商人，在香港擁有數個地產物業。她在歐洲度假時出現嚴重敏感反應，導致窒息，其後腦部受損。她並未簽立任何遺囑或持久授權書。
>
> M 小姐的弟弟安排 M 小姐回到香港，而她回港後一直昏迷不醒。M 小姐的弟弟向法庭申請命令出售 M 小姐的其中一個物業，以支付每月超過十萬港元的私家醫院住院費用。
>
> 然而，M 小姐的弟弟發現在家人不知情的情況下，M 小姐一直向她的男友支付生活費。

## 事後發展

由於 M 小姐在香港沒有簽立持久授權書，她的弟弟根據《精神健康條例》第 II 部提出申請。

M 小姐的男友隨後向法庭申請從 M 小姐的財產中支取生活費。由於他能證明如果 M 小姐不是精神上沒有行為能力的話，她會繼續為他支付屋租及雜費，法庭隨之裁定每月向 M 小姐的男友支付適當金額。[3]

產業受託監管人於是遵照法庭的命令管理 M 小姐的財務事宜，包括每月向她的男友支付生活費。

## 個案10：婚姻訴訟中的丈夫

E 太太以不合理行為及家暴的理由，向 E 先生提出離婚訴訟。E 太太向她的律師表示，大約三年前 E 先生在金融危機中被解僱後，便開始患有人格適應障礙及抑鬱症，其後他有看精神科醫生，並接受了大約15個月的治療。

E 太太的律師在向 E 先生送出離婚呈請後，關注到 E 先生的精神狀態是否容許他在離婚訴訟中就附屬濟助的申索進行辯護，並建議 E 先生接受精神科醫生的評估，以判斷他是否能在離婚訴訟中給予指示。

然而，E 先生拒絕看任何醫生，並堅持他在離婚訴訟中無需任何法律代表。

## 事後發展

E 太太的律師取得法庭指示，要求法定代表律師向相關政府精神科醫生查詢 E 先生是否能給予指示。由於取得的醫學證據證實 E 先生沒有能力作出指示，並無法為他頗為複雜的附屬濟助申索進行辯護，在沒有合適近親願意擔負此責的情況下，法庭委任法定代表律師為 E 先生的訴訟監護人（以訴訟為目的之監護人）。[4]

必須留意的是，在適當情況下，法庭可指示法定代表律師考慮同意成為一方的訴訟監護人，及/或查詢該方精神上的行為能力或狀態，是否足以讓其在離婚及其他法律訴訟中給予指示。

---

3. 見《精神健康條例》第10A（c）條。
4. 見《婚姻訴訟規則》（第179A 章）第105（5）條。

## 個案 11：在車禍中重傷的孩子

> B 夫婦育有三個女兒和一個兒子，分別是 6 歲、8 歲、13 歲及 16 歲。8 歲的女兒 AB 和姐姐課後步行回家時，被一輛貨車撞倒，腦部嚴重受損。AB 接受了多次手術，認知及語言功能嚴重受損。
>
> 醫生告訴 B 夫婦，他們的女兒患有肌張力障礙型四肢癱瘓腦麻痺症，畢生將要依靠胃喉進食，並需專科護理。
>
> 肇事貨車司機被控魯莽駕駛引致他人身體受嚴重傷害罪，罪名成立。B 夫婦申請法律援助，就人身傷害向司機提出索償，並獲高等法院批准，以頗大的賠償金額達成和解。

## 事後發展

B 太太代表 AB 向肇事司機及汽車保險公司就人身傷害展開索償，她的律師也根據《精神健康條例》第 II 部，申請委任 B 太太為 AB 的產業受託監管人。B 太太一直有專業律師代表，在律師的建議下，法庭批准了一筆可觀的賠償金，由汽車保險公司支付。

可惜的是，AB 的人身傷害索償案和解後，B 太太或 AB 的家人對如何妥善規劃 AB 的護理方案，或如何尋求適當協助，都沒有實際知識。

作為 AB 的產業受託監管人，B 太太向精神健康法庭申請指示，聘用一名個案經理為 AB 規劃完善的護理方案，並聘用一名理財顧問向產業受託監管人建議如何把全部或部分的賠償金額用於投資，以確保 AB 可得到更佳護理以及所需治療和保障。

有關「因意外而導致腦部受損的人士」的課題，請參閱第五章。

## 個案 12：半身不遂的建築工人

> Q 先生是建築工人，在一宗工業意外中身受重傷以致半身不遂。他是家中的經濟支柱，育有三名年幼子女。他的太太只有小學教育程度，並全職照顧子女。
>
> 社工協助 Q 太太申請法律援助，以向 Q 先生的僱主展開索償訴訟。Q 太太也申請委任為 Q 先生的產業受託監管人。
>
> 然而，當法庭訴訟完結，Q 先生獲得一筆可觀的和解金後，Q 太太被發現開始患上嚴重抑鬱症及其他人格障礙。

## 事後發展

由於 Q 太太患有抑鬱症及人格障礙，其他家人、醫生及她的法律代表很快就明白她無法繼續出任 Q 先生的產業受託監管人。因此法庭委任與 Q 先生沒有利益衝突的妹妹，代替 Q 太太成為 Q 先生的產業受託監管人。

## 進一步分析

雖然香港的法律援助可協助交通意外及工業意外的傷者向肇事者提出訴訟，但通常只限於達成和解協議或判決，而不包括產業受託監管人制定適當護理方案的相關費用。

因此重傷傷者的家人往往難以得知如何申請委任產業受託監管人，以及在法律訴訟結束後如何向法庭申請撥支款項，為傷者制定適當的護理方案。與專業的產業受託監管人不同的是，許多人認為難以找到這些協助。

當大筆賠償金被繳存到法院以向傷者提供更佳護理治療時，該筆款項就不應留在法院的訴訟人儲存金中而不獲運用，但情況往往如此。

如想閱讀更多這方面的資料，可參考包華禮法官在 *Fong Yau Hei v Gammon Construction Limited et al* 一案的裁決理由，特別是他向處理人身傷亡訴訟的法律界業者提出的意見及提醒。[5]

---

5.   在 2017 年 10 月 25 日的判決（HCPI No 1222/2003）第 14 至 19 段及 53 至 56 段。

# 2 《精神健康條例》
## （第 136 章）簡介

    《精神健康條例》(第 136 章) 在 1962 年頒布，基本上是綜合在健康護理、同意接受醫治、財產及事務處理等各方面，保障精神上無行為能力人士的所有法例條文。「財產及事務」一般指商業事務、法律事宜及其他類似事務往來。

    雖然《精神健康條例》自頒布後已多次修訂，但香港在這個法律範疇的發展仍十分緩慢。相比其他普通法司法管轄區的精神健康法例，香港運用的很多概念仍頗為落後。

    我會在本書的最後一章，指出這個法律範疇的一些主要問題和不足之處。在本章，我會簡介現時的法例條文及《精神健康條例》第 II 及 IVB 部。

    簡而言之，《精神健康條例》的宗旨和目的是：[1]

1) 修訂和綜合與精神上無行為能力有關的法律，以及與對精神上無行為能力的人的照顧及監管有關的法律；
2) 就精神上無行為能力的人的財產及事務的處理訂定條文；
3) 就屬患有精神紊亂的人或病人的精神上無行為能力的人的收容、羈留及治療訂定條文；
4) 就該等病人和一般精神上無行為能力的人的監護訂定條文；
5) 就對年滿 18 歲的精神上無行為能力的人進行治療或特別治療而給予的同意訂定條文；
6) 就刪除其他法例條文中關於精神上無行為能力的不妥當用語訂定條文；
7) 就附帶或相應事宜訂定條文。

---

1. 如《精神健康條例》的詳題所示。

《精神健康條例》共分為十個部分，各自處理有關精神上無行為能力的人之不同法律事宜：

- 第 I 部——導言（第 1 至 6 條）
- 第 II 部——精神上無行為能力的人的財產及事務的處理（第 7 至 28 條）
- 第 III 部——病人的收容、羈留和治療（第 29 至 44 條）
- 第 IIIA 部——涉及刑事法律程序的人的監護（第 44A 至 44B 條）
- 第 IIIB 部——與涉及刑事法律程序的人有關的監管和治療令（第 44C 至 44I 條）
- 第 IV 部——涉及刑事法律程序的精神紊亂的人的收納、已判刑的精神紊亂的人的轉移和精神上無行為能力的人的還押（第 45 至 59 條）
- 第 IVA 部——精神健康覆核審裁處（第 59A 至 59H 條）
- 第 IVB 部——監護（第 59I 至 59Z 條）
- 第 IVC 部——醫療及牙科治療（第 59ZA 至 59ZK 條）
- 第 V 部——一般條文（第 60 至 74 條）

## 《精神健康條例》項下對自由的保障與剝削

國際學者及專家就精神上無行為能力人士非自願地接受醫治並遭羈留而衍生的人權問題，有熱烈討論。《精神健康條例》的部分條文備受關注，例如與非自願治療及強制羈留有關的部分是否可能違反《世界人權宣言》。

例如《世界人權宣言》第 12 條規定：「任何人的私生活、家庭、住宅和通信不得任意干涉，他的榮譽和名譽不得加以攻擊。人人有權享受法律保護，以免受這種干涉或攻擊。」[2]

《殘疾人權利公約》第 12（4）條規定：

締約國應當確保，與行使法律權利能力有關的一切措施，均依照國際人權法提供適當和有效的防止濫用保障。這些保障應當確保與行使法律權利能力有關的措施尊重本人的權利、意願和選擇，無利益衝突和不當影響，適應本人情況，適用時間盡可能短，並定期由一

---

2. 見《世界人權宣言》第 12 條，載於 www.ohchr.org。

個有資格、獨立、公正的當局或司法機構覆核。提供的保障應當與這些措施影響個人權益的程度相稱。

《殘疾人權利公約》第14條亦規定：

締約國應當確保殘疾人在與其他人平等的基礎上：(一)享有自由和人身安全的權利；及(二)不被非法或任意剝奪自由，任何對自由的剝奪均須符合法律規定，而且在任何情況下均不得以殘疾作為剝奪自由的理由。

2012年，香港大約有800名病人被羈留在精神科病房，因有醫學證據顯示他們患有精神紊亂，而其精神紊亂的性質或程度，足以構成理由將他或她羈留在精神病院內接受觀察。[3] 有論者認為，根據《精神健康條例》第31及32條把病人羈留「接受觀察」的法律門檻頗低。

《精神健康條例》第31(1)條規定：

凡基於下述理由，可向區域法院法官或裁判官申請將某名病人羈留以作觀察的命令：a) 該病人患有精神紊亂，而其精神紊亂的性質或程度，足以構成理由將他羈留在精神病院內至少一段有限的期間，以接受觀察 (或接受觀察後再接受治療)；及 b) 為該病人本身的健康或安全，或是為保護他人著想，應該將該病人如此羈留。

根據本條文提出的申請，須基於一名註冊醫生的書面意見，而該醫生在作出意見前7天內須曾經檢查該病人。除非該病人要求，否則法官或裁判官無須與該病人見面。

因此，在考慮是否須強制病人接受精神健康治療時，在「保護」個別人士和「剝奪」個別人士的自由之間，必須取得適度平衡。我們必須自問，該等非自願治療和強制羈留，是為病人本身的利益所需 (「防止自我傷害」的理據)，還是為保護他人著想而不一定以病人本身的利益為依歸 (「防止傷害他人」的理據)。

因此有些人權律師提出爭論，指《精神健康條例》第 II 部可能違反《世界人權宣言》及/或《殘疾人權利公約》的若干條文，實在可以理解。

---

3. 人權事務委員會要求檢討《精神健康條例》的條文及運用並對之作出評論。"Unfinished Business: Reforming Hong Kong's Mental Health Ordinance to Comply with International Norms"，載 於 https://www.cmel.hku.hk/upload/files/CMentalHealth-Day-1-Presentation-3-Professor-Carole-Petersen-ppt.pdf。

雖然這個課題十分重要，尤其現行法例是基於頗為古舊的觀念，相比其他司法管轄區較為落伍，但本書主要從照顧者的角度下筆，故此將重點放在根據《精神健康條例》第 II 及 IVB 部對有特殊需要及精神上無行為能力人士的照顧及管理上。

## 《精神健康條例》第 II 及 IVB 部

如上文所述，《精神健康條例》第 II 部是有關「精神上無行為能力的人的財產及事務的處理」，而第 IVB 部規定監護委員會的編制及監護人獲授予的權力，包括獲授權代表精神上無行為能力的人同意接受治療及住宿安排。

因此，我會簡介根據《精神健康條例》這兩部分申請委任產業受託監管人及監護人的程序中，社會福利署署長、法定代表律師及監護委員會的角色，並概述根據《精神健康條例》第 II 部提出申請時應要熟悉的相關實務指示。

根據《精神健康條例》第 II 及 IVB 部提出申請的程序，會在第三章詳述。

## 實務指示

除《精神健康條例》外，我們亦必須留意司法機構在 2005 年就根據《精神健康條例》第 II 部提出的申請，頒布了《實務指示》30.1，其中詳細說明了根據第 II 部提出申請的兩個階段，並在附件中列出申請程序中應使用的各式表格。

如個案涉及人身傷亡賠償申索，而交通或工業意外的傷者因腦部受傷導致精神上無行為能力，亦需參照《實務指示》18.1[4] 中有關代表精神上無行為能力的人行事的條文。

此外，《高等法院規則》(第 4A 章) 第 80 號命令訂明無行為能力的人，除非是由其起訴監護人 (法律代表) 代表，否則不得在任何法律程序中提出申索；並且除非是由其辯護監護人代表，否則不得辯護任何申索。[5]「無行為能力的人」指未成年人或「病人」，而「病人」則為《精神健康條例》所指的精神紊亂或弱智而無能力處理和管理其財產及事務的人。[6]

《實務指示》30.1 及《實務指示》18.1 的相關摘要見於本章末。

---

4. 香港司法機構於 2009 年 2 月 12 日頒布的《實務指示》18.1。
5. 《高等法院規則》第 80 號命令第 2 條。
6. 《高等法院規則》第 80 號命令第 1 條。

## 社會福利署署長的角色

社會福利署是香港政府勞工及福利局轄下的兩個部門之一，而社會福利署署長是該部門的首長。

社會福利署負責推行政府的社會福利政策，其中包括社會保障、安老服務、家庭及兒童福利服務、醫務社會服務、殘疾人士的康復服務等。

根據《精神健康條例》第 7 條，如被指稱為精神上無行為能力人士的親屬沒有提出申請，則明確授權社會福利署署長可向法庭申請進行研訊，以查明在原訟法庭的司法管轄權下，任何被指稱為精神上無行為能力的人是否因精神上無行為能力，而沒有能力處理和管理其財產及事務。

根據《精神健康條例》第 26B 條，如精神上無行為能力人士的親屬沒有申請更改已獲委任的產業受託監管人的任何權力，或以另一產業受託監管人取代原有的受託監管人，則社會福利署署長亦獲授權提出有關申請。

此外，社會福利署署長在根據《精神健康條例》第 IVB 部申請監護令的程序中，亦擔任重要角色。《精神健康條例》第 59N 條授權社會福利署的公職人員提出監護申請，並明確要求監護委員會把申請文件的副本送交社會福利署署長；但如該申請是由社會福利署的公職人員提出的，則無需向社會福利署署長提交副本。

再者，第 59P 條規定，監護委員會須收到由社會福利署署長簽署，或由他人代其簽署，並由社會福利署的公職人員擬備的社會背景調查報告，供監護委員會在決定是否作出監護令時考慮。

根據第 59S 條，如監護委員會覺得沒有適當人選可獲委任為屬監護申請對象的精神上無行為能力人士的監護人，則監護委員會可委任社會福利署署長為該精神上無行為能力人士的監護人。

如監護委員會委任的非官方監護人去世或放棄作為監護人的職能，該精神上無行為能力人士的監護人的職能將轉移至社會福利署署長，並由監護委員會進行覆核。

如非官方監護人由於患病或任何其他因由，以致喪失執行監護人職能的能力，則在該監護人喪失執行該等職能能力期間內，該等職能可在監護委員會進行覆核前，由社會福利署署長代該監護人執行，或由監護委員會認可的任何其他人士代該監護人執行。

社會福利署署長有權要求監護委員會覆核根據《精神健康條例》第 IVB 部作出的監護令，以更改、暫時終止或撤銷該監護令。

因此，社會福利署署長扮演一個重要角色，尤其在根據《精神健康條例》第 IVB 部作出監護申請方面。他或她需要擬備強制的社會背景調查報告、被

委任為監護人，並獲授權向監護委員會提出多項申請，包括覆核已作出的任何監護令。

如想了解更多社會福利署的資料，請瀏覽他們的網頁 https://www.swd.gov.hk/tc/index/。

## 法定代表律師的角色

法定代表律師是根據 1991 年實施的《法定代表律師條例》(第 416 章) 任命，由法律援助署署長出任首位法定代表律師。在行政長官另行委任法定代表律師前，法律援助署署長獲得的任命繼續有效。[7]

法定代表律師是一位公職人員，專責看顧無行為能力人士在法律事務上的利益，例如未滿 18 歲的未成年人士或精神上無行為能力的成年人。《法定代表律師條例》附表 1 列出法定代表律師的職責，其中包括以辯護監護人或起訴監護人身分，代表因年齡或精神上無行為能力的人在法庭審理的訴訟中行事；及根據《精神健康條例》獲委任後，以精神上無行為能力人士的產業受託監管人身分行事。

《精神健康條例》亦訂明，如被指稱為精神上無行為能力人士的任何親屬沒有提出研訊申請，以查明在原訟法庭的司法管轄權下任何被指稱為精神上無行為能力的人，是否因精神上無行為能力而沒有能力處理和管理其財產及事務，則法定代表律師可根據《精神健康條例》第 7 條向法庭提出該項申請。

與社會福利署署長一樣，根據《精神健康條例》第 26B 條，如精神上無行為能力人士的親屬沒有提出申請更改已獲委任的產業受託監管人的任何權力，或以另一產業受託監管人 (包括法定代表律師) 取代原有的受託監管人，則法定代表律師亦獲授權向法庭提出有關申請。

根據《實務指示》30.1，申請人應把根據《精神健康條例》第 II 部提出申請之事，通知法定代表律師，並把指示令文稿連同原訴傳票和其他文件，整套送交法定代表律師。法定代表律師會審閱有關文件，就內容提出要求或意見，法庭其後才會訂下研訊日期。

---

7. 見《法定代表律師條例》(第 416 章) 第 2 及第 7 條。

　　與實際研訊有關的文件 (包括指示令文稿及訟費單概要) 應在研訊前盡早送交法定代表律師,以便給予意見。

　　因此,法定代表律師在監察根據《精神健康條例》第 II 部作出的申請,及協助法庭審閱有關文件並提供意見方面,扮演重要角色。預早把文件送交法定代表律師以便給予意見,是理想做法,這可讓法定代表律師就《精神健康條例》第 II 部項下的申請作出觀察並釐清問題,以節省研訊時間及費用。

　　如想了解更多法定代表律師辦事處的資料,請瀏覽他們的網頁 https://www.oso.gov.hk/chi/solicitor/who.html。

## 監護委員會

　　監護委員會是一個半司法審裁機構,作為根據《精神健康條例》第 59J 條設立的法人團體,架構包括一位由行政長官委任並具備法律經驗的主席,以及不少於 9 名非公職人員的其他成員。香港政府勞工及福利局是監護委員會的資助機構。

　　在委員會的成員中,最少 3 名須是大律師或事務律師;最少 3 位須具有評定或處理精神上無行為能力人士的經驗,當中可包括註冊醫生或社會工作者;另外除上述兩個類別的人士,最少 3 名成員須具有與精神上無行為能力人士相處的經驗。

　　正如上文所述,《精神健康條例》第 IVB 部訂明監護委員會的設立,下一章會進一步探討該等條文賦予委員會的特定職能及權力。

　　監護委員會的願景是**透過監護令保護精神上無行為能力的成年人,促進他們的福利和利益**。為了實現這個願景,委員會承諾實踐下列使命:

1) 支援、保護及倡導精神上無行為能力成年人的最佳利益;
2) 協助解決親屬及提供服務者之間的爭執;
3) 經常檢討有關監護令的法例,以促進精神上無行為能力成年人的最佳利益。[8]

---

8.　監護委員會的願景、使命及核心價值,見於監護委員會網頁:http://www.adultguardianship.org.hk/content.aspx?id=home&lang=tc。

監護委員會承諾履行下列的核心價值：

1）保護；
2）同情；
3）公正；
4）獨立；
5）尊重；
6）方便。

值得注意的是，監護委員會曾發表一份報告《改革的必要——重新發現的成人監護制度》，[9] 報告中指出香港監護法例的限制。監護委員會列舉了一些需要改革的要點，摘要如下：

1）法定監護人的權力應延伸至普通法及衡平法賦予監護人的全部權力；
2）法定監護人的財務權力應延伸至產業受託監管人的權力，即監護委員會可委任產業受託監管人；
3）成立獨立官方監護人及公共受託人（代理人）辦事處，以產業受託監管人的全部權力行事；
4）目前對精神上無行為能力人士之定義及監護準則應予以取代。

如想了解更多監護委員會的工作和服務，以及其願景、使命及核心價值的資料，請瀏覽他們的網頁 http://www.adultguardianship.org.hk/content.aspx?id=home&lang=tc。

---

9. 見監護委員會於 2012 年發表的第四份報告（2009–2011 年）。

英文

（中譯本）

# 實務指示 30.1

## 根據《精神健康條例》第136章
## 第II部提出的申請

### I. 一般事項

1.01 就根據香港法例第136章《精神健康條例》（"該條例"）第II部提出的申請所牽涉的實務和程序方面，林文瀚法官至今已頒下6份有關判案書：

   (a) *Re Madam A*，高院雜項案件2004年第44號，2004年3月5日

   (b) *Re S*，高院雜項案件2004年第1287號，2004年5月28日

   (c) *Re C*，高院雜項案件2004年424號，2004年7月7日

   (d) *Re L* [2004] 4 HKC 115

   (e) *Re LWO*，高院雜項案件2001年第2965號，2005年6月30日

   (f) *Director of Social Welfare v Official Solicitor*，高院雜項案件2000年第4297號，2005年9月14日

1.02 在 *Re Madam A* 一案中，法庭認為上述條例第II部內的研訊程序包括兩個階段：(a) 向法庭尋求指示的初步階段（"指示階段"）和(b)實際進行研訊的階段（"研訊階段"）。

### II. 指示階段

2.01 申請人預備材料呈交法庭時，應留意該條例第7至第9條的條文。

2.02 申請人在這個階段的目標是要提供足夠的資料，使法庭能為根據該條例第10條的規定進行研訊而作出指示。

**誰能提出申請？**

2.03 該條例第7(3)條所提述各方人士中的任何一方皆可申請進行研訊。被指稱為精神上無行為能力的人的"親屬"（見第2條所述定義）可以提出申請。如沒有任何親屬提出申請，則社會福利署署長或法定代表律師或該人的監護人可以提出申請。

**單方面申請指示**

2.04 一般來說，單方面提出申請尋求指示是適當的做法。被指稱為精神上無行為能力的人或其法定代表律師被指名為答辯人（見 *Re Madam A* 一案第8至15段）。

**如何提出申請？**

2.05 申請必須依照附件A（單方面原訟傳票）的格式提出。這格式可因應任何個案的特別情況而加以修改。

2.06 原訟傳票應與支持文件一併存檔。此外，申請人還應向法庭呈交一份用以於指示階段發出指示的命令文稿。法庭不會在這時候定下提訊日期來進行研訊聆訊。有關文件會交給一位法官讓其考慮和發出指示。法庭會等待有關事宜準備就緒可以進行研訊聆訊，才定下提訊日期。見*Re Madam A*一案第16段。

*必須提供的所有有關和必要資料*

2.07 在此申請階段，申請人應確保最少有表面證據，證明有理由對精神上無行為能力的指稱進行研訊。

2.08 申請人有責任向法庭提供所有有關和必要的資料，讓法庭妥善地執行其根據上述條例所應盡的法定責任。若然做不到這點，申請難免會遭到拖延，訟費亦會增加。

2.09 該條例第7條所開列的事項是最低要求。在大多數的個案中，法庭需要比這多出很多的資料，才能妥善地執行它的職責，及為準備根據第10條進行的研訊而發出適合和恰當的指示。

2.10 各方均須特別留意第7(2)條所提述的事項。該申請在指示階段時，各方便須清楚說明該研訊的範圍和申請人欲於該研訊中尋求的命令。

2.11 申請人在提出申請前，必須慎重地向被指稱為精神上無行為能力的人及其親屬徵詢意見。若該申請有可能受到爭議，必須盡力把該情況告知法庭。見*Re S*一案第5段。

2.12 申請人呈交申請文件時須夾附格式如附件B的證明書（家庭及財產證明書）。證明書的格式可因應每個個案的特別情況作出修改。

2.13 若申請人尋求的指示是關於該名精神上無行為能力的人的財產和/或事務時，必須向法庭陳明他/她的財產的性質和範圍，及所有可能受影響的親屬的數目和身分。

2.14 若申請人有理由懷疑或相信被指稱為精神上無行為能力的人的財產或資產正被耗散或錯誤地處理，必須讓法官知悉有關情況。

2.15 申請人為申請作預備時，必須進行一切必要的調查工作。他必須確保有足夠的相關證據（例如銀行結單和醫生證明書）。證據不足將無可避免地引致延誤和帶來其他的訟費開銷。

*醫生證明書*

2.16 第7(5)條所規定須要呈交的醫生證明書乃必不可少的文件（亦見於第2(2)條）。醫生證明書的格式應按照附件C內的樣本（用以支持根據上述條例第II部提出的申請的醫生證明書）。

2.17 醫生證明書中，必須最少有一份是由一名獲《醫院管理局條例》（第113章）所指的醫院管理局為施行本條而認可為具有有關專門經驗的醫生所提供。（見《精神健康條例》第2(2)條。）

2.18 為滿足法定要求，醫生證明書必須說明被指稱為精神上無行為能力的人因精神上無行為能力，現時無能力處理和管理他/她本人的財產及事務。見*Re C*一案第1和2段。

*被指稱為精神上無行為能力的人的權益為首要考慮事項*

2.19 申請人尋求指示時必須謹記，被指稱為精神上無行為能力的人的權益和需要，為首要的考慮事項，見第10A(2)(a)條。例如，法庭會顧及被指稱為精神上無行為能力的人現時及將來在照顧上的安排；有關安排的費用；被指稱為精神上無行為能力的人的健康狀況；他的預期壽命；被指稱為精神上無行為能力的人的家庭成員如何維持生活；被指稱為精神上無行為能力的人的家庭成員的收入和支出以及其他事項。見*Re S*一案第3段。

*申請委任產業受託監管人（《精神健康條例》第11條）*

2.20 申請人要是尋求法庭為被指稱為精神上無行為能力的人的產業委任受託監管人，必須就其建議的受託監管人的成員，向法庭提供一切有關和必要的資料。必須提供的資料包括受託監管人的成員的背景、培訓、資格和經驗，以及申請人預期建議受託監管人會怎樣處理和管理被指稱為精神上無行為能力的人的產業和事務。"同意受委任為受託監管人"表格，見附件D。

*通知法定代表律師*

2.21 申請之事,應該通知法定代表律師。申請人應把指示令文稿連同原訴傳票和其他文件整套送交法定代表律師。

*以文件審閱方式處理申請*

2.22 通常法官會在沒有聆訊的情況下,經考慮有關文件後便在書面上發出指示,除非法官認為應該進行聆訊,則作別論,不論聆訊是經某方提出要求而進行,還是法庭主動進行。此等要求,應該在原訴傳票提交時,以書面形式同時提出。

*研訊通知書必須送達被指稱為精神上無行為能的人*

2.23 研訊通知書必須送達被指稱為精神上無行為能的人,不能免除該通知書的送達。見*Re Madam A*一案第25和26段。

2.24 申請人須在申請書上向法庭表明送達文件予該名被指稱為精神上無行為能力的人的適當送達方式。此外,有關該研訊的時間和地點,亦必須向該名被指稱為精神上無行為能力的人給予合理的通知,而通知方式通常是面交送達;見上述條例第8條。只有當該名被指稱為精神無上行為能力的人的狀況,令面交送達的方式不能產生作用,才會考慮以替代送達方式辦理。

2.25 在這情況下替代送達並非以在一份報章上刊登廣告來辦理:見*Re Madam A*一案第25段。如要作出替代送達,可以考慮將該通知書送達予照顧該被指稱為在精神上無行為能力的人的機構主管。

*緊急情況*

2.26 在緊急情況下,申請人可以考慮根據第10D條和/或第10A(1)條提出申請,見*Re L*一案。

*不涉及大量資產的產業*

2.27 若個案中的產業不涉及大量的資產,法官應考慮根據第24條作出命令。

*命令文稿*

2.28 申請人的代表律師必須確保命令文稿載有申請人根據第7條尋求的所有指示。命令文稿應在該項申請存檔時一併提交,格式須按附件E的樣本。

2.29 所建議的指示一般應該處理下述事宜:

　　(a) 清楚說明該研訊的範圍,例如:委任受託監管人;

　　(b) 須向其送達研訊通知書的人物名單;

　　(c) 把該通知書送達予被指稱為精神上無行為能力的人的送達方式,和應否以替代送達的方式作出送達;(倘應如此,理由為何);

　　(d) 是否有其他證據須於研訊時提供或援引;

　　(e) 是否打算進行健康檢查;

　　(f) 是否將會有需要識別和/或追尋該人的親屬或最近親;

　　(g) 建議的指示應涵蓋被指稱為精神上無行為能力的人的財產和事務的各方面有關情況;

　　(h) 撰寫報告的醫生應否出席研訊;

　　　　(i) 是否需要任何中期濟助,或應否發出任何臨時指示以保護被指稱為精神上無行為能力的人的財產;

(j) 估計研訊需要的時間。

## III. 研訊階段

3.01 申請人必須向法庭呈交一份載有這次聆訊所尋求的全部濟助的命令文稿；這次聆訊是根據有關條例第10條的規定而進行的。命令文稿（格式應按附件F的樣本）和訟費單概要（如打算由被指稱為精神上無行為能力的人的產業中撥款支付訟費）須於聆訊前最少10整天呈交法庭（星期六，星期日和公眾假期不計在內）。法庭一般會根據第62號命令第9(4)(b)條規則來釐定訟費，而非指令進行訟費評定，以節省費用。

3.02 鑑於法定代表律師的職責，申請人須把一套文件於該研訊開始前預早寄予法定代表律師，以便法定代表律師給予意見。

3.03 在研訊中，法庭會考慮《精神健康條例》第10條所提述的事宜，並就該等事宜作出裁決。

3.04 在研訊中，原訟法庭若信納被指稱為精神上無行為能力的人因精神上無行為能力而無能力處理和管理其產業和事務，則可以為他的產業委任受託監管人：見第11條。

3.05 原訟法庭亦可以根據上述條例第10A條和第10B條指令出售精神上無行為能力的人的任何財產。若有此打算，有關申請必須附上適當的估值證明，以作支持。關於出售方式和售賣得益的分配或處理方面，命令文稿也應載有適當的指示。


## IV. 委任受託監管人後的其他指示

4.01 法庭委任的產業受託監管人可能不時要根據有關條例的第13條或其他條文，向法庭提交報告或尋求指示。

4.02 受託監管人須把這些報告或申請書於高等法院登記處存檔。把這些文件郵遞或只是存放在高等法院登記處的接待櫃枱，不算是履行該段條文所指的存檔責任。

4.03 在研訊後的期間，如有報告、申請書、帳目或其他文件存檔，必須在文件首頁的頂部註明必須把該件呈交法官或司法常務官處理（視乎何者適合），這點至為重要。若不這樣做，可能會帶來延誤和不便。在文件上寫上一些大概意思為"*煩交法官/司法常務官處理*"的字句，可以確保該文件能盡早交到法官或司法常務官的手中。

4.04 若受託監管人已辦妥管理和處理有關產業中較為複雜的步驟，法庭可以考慮解除受託監管人的委任；之後，處理財產時，可以選擇另一種較廉宜的方式，例如頒發第24條所述的命令。見*Director of Social Welfare v Official Solicitor*一案。

## V. 人身傷害案件

5.01 如果人身傷害案件中的傷者（不論是已經獲得補償或正在尋求補償），是可能附合上述條例所指的"精神上無行為能力的人"的話，則在處理這類案件時，應考慮是否應該根據該條例第II部提出申請，見*Re LWO*一案。

5.02 若認為原訟人需要申請委任受託監管人，必須把這事通知聆訊該宗人身傷害申索案的法官。有關補償可能包括第II部所述申請之訟費。


## VI. 雜項事宜

6.01 申請人必須自行決定是完全採用附件內的表格，還是視乎有關個案的情況需要而加以修改。

6.02 根據《精神健康條例》第II部提出的申請，與實務指示25.1第4段所列申請屬於同一類別，有關聆訊通常是不開放予公眾人士。

6.03 本實務指示將於2005年10月31日生效。

日期:2005年10月10日

                                        終審法院首席法官李國能

ANNEX A

ANNEX B

ANNEX C

ANNEX D

ANNEX E

ANNEX F

**實務指示 18.1 撮要**

**人身傷亡案件審訊表**

1.　　　本實務指示指出並且付諸實施由《2008 年高等法院規則（修訂）規則》自 2009 年 4 月 2 日起生效所提出在民事訴訟程序上的相關改變。

2.　　　發出本實務指示的目的，是向處理人身傷亡案件的法律執業者提供指引。但有關人士仍須熟悉《高等法院規則》（"高院規則"）（第 4 章）的內容，本實務指示不能作為替代。法律執業者必須通曉民事司法制度改革帶來的改變，並熟習為實施民事司法制度改革而制定的法院規則，尤其是《高院規則》第 1A 及 1B 號命令所列的基本目標，及法院所具備的案件管理權力。

**X　　　無行為能力的人所提出的訴訟**

182.　　　《高院規則》第 80 號命令第 3 條規則仔細列明委任起訴監護人或監護人須考慮的因素。離婚婦人不會被視作適當人選，因這類人士不大可能符合《高院規則》第 80 號命令第 3(8)(c)(iii)條規則的規定。

183.　　　訴訟人必須嚴格遵守《高院規則》第 80 號命令第 10、11 及 12 條規則。就涉及無行為能力的人的訴訟達成的和解，而根據《高院規則》第 42 號命令第 5A 條規則，要求法庭作出同意命令，屬不恰當。法律執業者無論如何不應試圖如此要求。

184.　　　若根據《致命意外條例》（第 22 章）及《法律修訂及改革（綜合）條例》（第 23 章）提出申索（包括代表未成年受養人或其他無行為能力受養人提出申索），則任何建議的和解方案都必須得到法庭批准方為有效。

185.　　　法律執業者須依循《2009 年香港民事訴訟程序》（Hong Kong Civil Procedure 2009）第 1166 至 1167 頁第 80/11/8 至 80/11/9 段中所列明的程序。

186.　　　就涉及無行為能力的人的案件達成的和解而要求法庭批准，或為無行為能力的人利益而要求從繳存於法院的款項撥支付款，及/或關於從該等款項撥支付款而要求更改法庭的命令，在因而向法庭提出的任何申請中，代表該無行為能力的人的律師必須確保，由負起有關案件的首要責任的律師所擬備而用作支持申請的備忘錄，載有所有相關事宜的全部詳情，使法庭可全面地考慮有關事宜。相關事宜包括但不限於：

(1)　　　是否有任何相應的僱補訴訟、及/或涉及該無行為能力的人的其他訴訟；

(2)　　　有的話，說明該僱補訴訟、及/或其他訴訟的訟案編號、訴訟各方的名字、及其代表律師（如有的話）的姓名；

(3)　　該等其他案件中，是否已判給或同意付給（不論是按臨時或最終的基礎）任何以該無行為能力的人為受惠人的款項，並連同有關的法庭命令的文本；

(4)　　若是的話，該等款項是否已繳存於法院，或是否有任何或任何其他為使該無行為能力的人受惠而由區域法院及/或高等法院持有的訴訟人存儲金；及

(5)　　是否有任何款項（不論是以整筆款項、按期付款或其他付款的方式）已經或將會從法院撥支付款，連同相關的法庭命令的文本。

187.　　原告人律師在申請批准妥協或和解方案的聆訊中，就如何處置該等妥協或和解中所涉款項方面，必須列明所有建議法庭作出的指示。至於要求法庭作出的命令，其內容必須依循《1999 年最高法院常規》(The Supreme Court Practice 1999) 第 2 冊第 114/115 頁內的表格 PF170 或 PF171（視乎何者適用而定）。

188.　　若有關的無行為能力的人屬精神不健全者，法律執業者應注意根據《精神健康條例》（第 136 章）第 II 部高等法院所具備的司法管轄權，及本文 Y 部列出的常規做法。律師應在法律程序展開前、法律程序進行期間、以及登錄判決及/或達成和解後，將上述事宜告知其當事人（包括有關的無行為能力人士，其起訴監護人及其他親屬），並提供意見。

189.　　除法官另有命令外，就上述經雙方達成妥協的法律程序，法庭應作出以共同基金為基準的訟費命令。

190.　　若原告人律師認為將無法成功向被告人追討訟費及代墊付費用，因而要求從原告人所得的損害賠償中支付，則該律師須在聆訊時呈交陳述書，列明上述訟費及代墊付費用的最高金額，並提供充分理由解釋，要求法庭批准。律師亦必須預先以通知書形式通知原告人及/或原告人的起訴監護人上述訟費及代墊付費用的估計金額。若原告人及/或起訴監護人對該金額沒有異議，亦須以同意書形式表示，同意書並須呈交法庭。此外，上述通知書亦須清楚說明訟費和代墊付費用產生的原因，並解釋律師認為無法向被告人討回的理由。單憑當事人簽署一紙承諾書籠統地保證將會負責訟費並不足以達到上述要求的目的。

原告人律師依據本文第 187 段所擬備的建議指示中，亦須列出該等訟費和代墊付費用在扣減他們應得的經評定訟費後，餘款應如何由原告人或代原告人清繳。

除非原告人律師能夠以合理的準確程度向法庭言明，他要求從原告人所得的損害賠償中扣減的最高金額，否則法庭不會批准任何和解安排。若法庭不信納原告人律師所提出的最高金額為必需的數目，則仍可批准和解協議的賠償數目，但同時發出指示，以其認為適當的方法處理分發損害賠償金的申請，包括就所有訟費和代墊付費用作快速評定。

191.　　　　除非法庭信納本文第 190 段所述的訟費及代墊付費用的申索，及/或憑藉法律援助署署長第一押記所提出的訟費及代墊付費用的申索已計算清楚，否則法庭不會發放代申索人管控及投資的損害賠償金，但如直接給予申索人（例如在致命意外申索中，為使遺孀及其家人得以受惠），則屬例外。

192.　　　　取得第 80 號命令的和解批准後，如無行為能力的原告人須支付的訟費顯然較第 80 號命令申請的聆訊中所提出為多，原告人的律師便應立即將詳細原因告知法庭，並尋求法庭的指示。除非原告人有恰當的法律代表，而其利益亦得到足夠保障，否則此等申請將不會獲法庭受理。

## Y　　　　《精神健康條例》第 II 部

193.　(1)　　根據起訴監護人的指示而代表精神上無行為能力的人行事的法律執業者，應緊記他們對該精神上無行為能力的人的責任，及考慮委任受託監管人，或尋求其他《精神健康條例》第 II 部所指的指示。有關指引已載列於案件 *Re CK*（高院雜項案件編號 2006 年第 1150 號）及 *Re YPC*（高院雜項案件編號 2006 年第 1174 號）。

(2)　　如有關的精神上無行為能力的人是家庭經濟支柱，其代表律師應就意外後其家庭如何維持生計取得明確指示。若曾為此目的向他人借貸，便應根據《精神健康條例》第 II 部提出申請，以避免出現 *Re YWK*（高院雜項案件編號 2006 年第 2467 號）及 *Re C*（高院雜項案件編號 2002 年第 15 號）中出現的困境。

(3)　　法律執業者應注意，根據第 II 部委任受託監管人後，除該受託監管人外，任何其他人均不得以該精神上無行為能力的人起訴監護人的身分為他申索，除非法庭另有命令，則作別論。

194.　　　　受託監管人應根據《精神健康條例》第 II 部申請授權，以展開法律程序或就法律程序作出抗辯。該申請應以關於以下事項的證據支持：

(1)　　擬提出之申索的是非曲直；

(2)　　該精神上無行為能力的人從擬提出的申索中可得到的利益；

(3)　　估計提起申索所需的訟費；

(4)　　可用以支付該等訟費的資源；

(5)　　其他的選擇，包括可以令精神上無行為能力的人得到相若利益的另類排解方式；及

(6)　　倘若有關訴訟失敗，該精神上無行為能力的人的產業將因此而須承擔支付對方的訟費的法律責任。

**Z    根據《高院規則》第 80 號命令批准涉及精神上無行為能力的人的和解**

195.    如在和解前第 II 部的法律程序尚未展開,法庭可在批核和解的過程中,指示展開該法律程序。當法庭根據《高院規則》第 80 號命令批核涉及精神上無行為能力的人的和解,而考慮是否須要第 II 部的法律程序時,會行使其酌情權,考慮在法庭席前的有關個案的整體事實基礎上,該無行為能力的人之最大利益。以下為可能與此有關的因素:

(1)    該精神無行為能力的人的情況,包括他或她的年齡及預後;

(2)    該精神無行為能力的人日後的需要及要求;

(3)    判給的賠償額,而在不損害法庭就其席前的特定案件,指示展開《精神健康條例》第 II 部的法律程序的酌情權,如該判給的賠償額,或(如該精神上無行為能力的人涉及多於一宗訴訟)累計的判給賠償額,不超過港幣 1 百萬元或法庭所指示的款額,則一般不必委任受託監護人。

(4)    起訴監護人的背景及經驗,包括該起訴監護人與該精神無行為能力的人的關係,及該起訴監護人是否有能力恰當地備存帳戶及了解其職責;

(5)    就起訴監護人的職責而言,給予的意見是否足夠;

(6)    該精神上無行為能力的人之家庭的需要及資源;

(7)    申請使用存於法院的儲存金,以取得屬資本性質資產的可能性;

(8)    該精神上無行為能力的人的基本照料者之態度,及其次是該精神上無行為能力的人直系親屬的態度;及

(9)    就存於法院的儲存金,相對於將款項存於法院,將有關款項作其他投資的可能選擇。

196.    倘若法庭的結論是,應該提起第 II 部的法律程序,以保障該精神上無行為能力的人的權益,但該等法律程序尚未展開,在此情況下,仍可根據《高院規則》第 80 號命令取得對和解的批准;然而,該等須根據《高院規則》第 80 號命令予以批准的條款應訂定:

(1)    就一次過支取款項(如有的話),如代墊付法律開支,或付還過去為維持該精神上無行為能力的人的生活之支出,及/或定期支取款項以維持該精神上無行為能力的人的生活(如有的話),傷亡案件法官或傷亡案件聆案官可根據《高院規則》第 80 號命令第 12 條規則予以處理;

(2)    存於法院的儲存金之餘額須保留在法庭,以待進行第 II 部的法律程序;及

(3)        存於法院的儲存金之餘額，須按照在第 II 部的法律程序中法庭的指示處置。

197.        倘若在和解前已確立受託監管人，該受託監管人須申請認許和解的條件，該申請依第 II 部的法律程序在確立受託監管人的案件存檔，而有關文件將交予高等法院司法常務官，以便擬備《精神健康條例》第 13 條所指的報告。依據司法常務官的報告，法庭通常會根據呈交的文件以書面處理有關申請，只會在法庭指示須進行聆訊時，才進行聆訊。受託監管人必須取得《精神健康條例》第 II 部的認許，才申請《高院規則》第 80 號命令所指的批准。受託監管人亦須在第 80 號命令的申請中，向法庭指出第 II 部的認許。

198.        若法庭在案件中不要求提起第 II 部的法律程序，並命令以定期或其他任何形式從訴訟人儲存金中支取款項，以維持該精神上無行為能力的人的生活或照顧其利益，則該精神上無行為能力的人的代表律師應告知該定期支款的收款人以下事項提供意見：

(1)        有關款項支付予收款人，只為維持該精神上無行為能力的人的生活及照顧其利益，而並非為其他任何目的；

(2)        收款人須就付予他/她的款項備存帳目，並須在法庭要求時，隨時呈交有關帳目以供查閱；

(3)        倘若法庭為某指明目的而支出一筆款項，則在未獲法庭事先批准前，該筆款項不得用作其他用途；

(4)        如情況有任何重大改變，收款人有責任通知主管訴訟人儲存金的聆案官，包括維持該精神上無行為能力的人之生活開支有所增加或減少、該精神上無行為能力的人情況好轉、支出的款項的盈餘有所累積、該精神上無行為能力的人與收款人關係改變、及該精神上無行為能力的人的需要有變。

199.        法庭可要求代表該精神上無能力的人的律師確保已就上述事項給予意見，及要求收款人承諾遵從本文第 198(1) 至 198(4) 段的規定。

## AA    未成年人

200.        現提醒代表未成年人行事的律師，本實務指示第 198 段經適當修改後，同樣適用於未成年人，與精神上無行為能力的人情況相同。

# 3 產業受託監管人或監護人

我在第二章簡單介紹了《精神健康條例》(第136章)。由於本書的讀者對象主要是長者和有特殊需要人士的家人及照顧者,本章會重點介紹《精神健康條例》第 II 部及第 IVB 部有關這些人士的財務及財產管理,以及住宿和照顧安排。

我在本章會闡述產業受託監管人與監護人的分別,並逐步解釋申請委任產業受託監管人 (一般稱為「**《精神健康條例》項下第 II 部申請**」) 及監護人 (一般稱為「**《精神健康條例》項下第 IVB 部申請**」) 的程序。

精神上無行為能力人士的產業受託監管人獲法庭委任後,將擁有法定權力處理並管理精神上無行為能力人士的財務及財產。而獲監護委員會委任的監護人,則擁有法定權力為精神上無行為能力人士在住宿及照顧安排方面作出決定。

## 委任產業受託監管人

### I. 何時需要根據《精神健康條例》第 II 部作出申請?

當一個人被評定為在精神上無行為能力處理並管理其財產及事務,即精神上無行為能力的人,他或她將需要他人協助管理並處理其財產及財政事務,例如銀行戶口、股票及投資、簽署或延續租約、買賣物業、清還銀行按揭、繳交管理費、水電賬單、稅款及其他支出等。因此,為該精神上無行為能力人士委任產業受託監管人可能是必須的。

該精神上無行為能力的人除了需要他人協助管理其財政外,可能也有自理困難,缺乏能力決定何謂必須和適當的醫療或住宿需要。因此,可能同時需要根據《精神健康條例》第 IVB 部為該精神上無行為能力人士委任監護人,尤其是當該精神上無行為能力人士的家人在這些事宜上有所爭議。

　　本章稍後會提到，雖然監護人有權照顧在精神上無行為能力人士的醫療及其他需要，但有關權力是受到限制的，每月只能支付不多於港幣17,500元的住院費用及其他支出。[1]

　　以下是若干可能需要按第 II 部提出申請的情況：

1）一位業主在精神上沒有行為能力，而他的租客拒絕交租。當該名精神上無行為能力人士入院留醫，或腦部受損而導致精神上無行為能力處理並管理自己的財產及事務時，可能需要委任產業受託監管人，除了負起一般權責外，還向租戶提出追索訴訟；

2）當精神上無行為能力人士的銀行戶口被提出大筆款項，或其資產有可疑或不當交易，而需要調查或向第三方提出法律訴訟時，可能需要委任產業受託監管人；

3）當一個人已簽署地產物業的臨時買賣合約，但在完成交易前變為精神上無行為能力的人，便可能有需要根據《精神健康條例》第 II 部申請緊急令，委任有指定權力的產業受託監管人，簽署並蓋章有關買賣該物業的所有文件等。

　　另一方面，如該精神上無行為能力人士只有很少或者沒有資產需要管理，則可能無須提出第 II 部項下的申請。

## II. 誰可申請委任產業受託監管人？

　　被評定為精神上無行為能力處理自身財務的長者及有特殊需要人士，一般稱為精神上無行為能力的人，《精神健康條例》第 II 部就該等人士的財產及事務管理訂定條文。

　　那麼，誰可以提出或申請委任產業受託監管人？

　　被指稱為精神上無行為能力人士的親屬或最近親，通常可向法庭提出申請，以該人士因精神上無行為能力而實際上無能力處理並管理自己的財產及事務為由作出委任令。在某些情況下，社會福利署署長、法定代表律師或監護人可能需要提出有關申請，以保護該人士免受潛在或實際上的財產侵吞。

---

1. 見監護委員會網頁 http://www.adultguardianship.org.hk/content.aspx?id=home&lang=tc，2020年8月31日的監護人「每月財務上限」。

　　香港高等法院的精神健康法庭在有需要和恰當的情況下，會就親屬以及社會福利署署長、法定代表律師或監護人為精神上無行為能力人士委任產業受託監管人的申請展開研訊。

## III. 申請程序

　　正如上一章所述，申請程序詳列於《實務指示》30.1。申請程序主要分為兩個階段，首先是**指示階段**，然後是**研訊階段**。這並不表示會有兩次獨立的法庭研訊，因為第一階段通常都可以書面進行。

　　以下是按第 II 部申請為精神上無行為能力人士委任產業受託監管人的程序簡介：

1. 誰能提出申請？

以下人士可提出申請委任產業受託監管人：
　　a. 精神上無行為能力人士的親屬
　　b. 社會福利署署長
　　c. 法定代表律師
　　d. 根據《精神健康條例》第 IVB 部委任的監護人

2. 如何申請？

**第一階段：單方面申請**[2]
申請書（「單方面原訟傳票」）應與下列文件一併提交：
　　a. 家庭及財產證明書；
　　b. 醫學證據，即兩份醫生證明書；[3]
　　c. 建議的產業受託監管人出任同意書；
　　d. 指示命令文稿。

　　法庭收到申請後，可能會作出指示進行研訊（「**研訊通知書**」），申請人必須呈交載有尋求實質濟助的命令文稿和訟費單概要。如打算由被指稱為精

---

2. 見《精神健康條例》第 7（3）條。第一階段為單方面申請，即只由一方提出申請，而非兩方或更多方。

3. 兩份醫生證明書，其中一份必須由根據《精神健康條例》第 2（2）條所指的認可醫生提供。認可醫生的名單，可於監護委員會的網頁下載：http://www.adultguardianship.org.hk/content.aspx?id=download&lang=tc。

神上無行為能力人士的財產中撥款支付訟費，[4]整套文件副本必須送交法定代表律師辦事處以便給予意見。在法庭指示下，研訊通知書必須送達該精神上無行為能力人士及所有相關方，包括法定代表律師。

### 3. 研訊

第二階段：研訊

在研訊中，法庭會聽取申請人的醫生（除非法庭容許其缺席）及任何反對方提交的證據，再決定被指稱為精神上無行為能力人士是否無能力處理並管理其財產和事務。

法庭若信納應為被指稱為精神上無行為能力人士委任產業受託監管人，則會作出合適的特定命令，授權產業受託監管人有效並適當地處理和管理該精神上無行為能力人士的資產。

法庭也會命令產業受託監管人就該精神上無行為能力人士的財政狀況每年提交賬目，《實務指示》30.1 附件 F 列明在聆訊中尋求所有指示的標準命令文稿樣本。

## IV. 產業受託監管人的職責

在法院的委任令及其後的指示中，會列明產業受託監管人的職責，其中包括以下各項：[5]

> 1) 代該精神上無行為能力人士開立產業受託監管人的銀行戶口及保管箱；
> 2) 提取該精神上無行為能力人士存放在銀行的款項及股份，並轉移至產業受託監管人的銀行戶口；
> 3) 支付該精神上無行為能力人士的生活費及開支，包括清還該人士的任何債項；
> 4) 管有遺囑及遺囑附件；
> 5) 採取步驟確定並核實該精神上無行為能力人士在香港和其他地方的資產。

---

4. 見《實務指示》30.1 及《實務指示》30.1 中提及的 *Re A* 及 *Re C* 案。
5. 見香港司法機構出版的《被委任為精神上無行為能力的人的產業受託監管人須知》。

## V. 法庭權力

法庭有權就該精神上無行為能力人士的資產作出以下命令：

1）將財產（包括營業處所）出售、交換或作出其他處置；
2）取得及授予財產（包括饋贈他人）；[6]
3）執行法定遺囑；
4）繼續進行商貿或業務；
5）解散該精神上無行為能力人士屬成員的合夥關係；
6）履行該精神上無行為能力人士曾訂立的任何合約；
7）以該精神上無行為能力人士的名義進行法律程序；
8）作出本可根據《受託人條例》（第 29 章）作出的任何命令。

必須注意的是，根據第 II 部申請委任產業受託監管人，是有別於一般對抗式的民事訴訟，因為法庭是為保護該精神上無行為能力人士的財產及事務而行使司法管轄權。它不是處理家人之間大型複雜糾紛的平台。法庭通常只關注當事人是否在精神上無行為能力，若然如是，委任產業受託監管人去保障該精神上無行為能力人士是否恰當。

考慮委任個別人士出任精神上無行為能力人士的產業受託監管人是否合適時，法庭傳統上會偏好親屬多於陌生人。這不僅是因為親屬願意無償地擔任此職，而且他們最熟悉該精神上無行為能力人士，應該更善於管理其財產和事務。

雖然如此，親屬之間有時會對誰是較適合人選出任該精神上無行為能力人士的產業受託監管人，存有爭議。法庭在合適情況下會委任獨立人士，例如會計師、事務律師，或在逼不得已的情況下委任法定代表律師。

# 委任監護人

## I. 何時需要申請監護令？

在大多數情況下，都**無須**申請監護令。如該精神上無行為能力人士有能力授予同意，應有權對治療作出自己的決定。

---

6. 見《精神健康條例》第 10A（1）（b）或（c）條。

如果精神上無行為能力人士無法對接受治療給予同意，醫生可無須其同意下，提供必須、符合其最佳利益的非緊急治療。這只適用於當醫生已採取所有合理、切實可行的步驟，以確認該病人是否有合法監護人，並看似沒有委任監護人的情況。[7]

但如果有親屬反對精神上無行為能力人士接受符合其最佳利益的治療，那麼希望保障其利益的其他親屬、社會工作者或主診醫生，應向監護委員會申請委任監護人。

同時，如果一名精神上無行為能力人士強烈拒絕或反對符合其最佳利益的治療，那麼希望保障其福祉的親屬、社會工作者或主診醫生，應向監護委員會申請委任監護人。

如果監護委員會已委任非官方監護人（相對於作為「**官方監護人**」的社會福利署署長），監護人可根據監護令授予的權力作出決定。假若社會福利署署長獲委任為監護人，社會福利署署長會委派一位公職人員，根據監護令授予的權力作出決定。

## II. 誰委任監護人？

根據《精神健康條例》第 IVB 部運作的監護委員會會進行聆訊，作出監護令，為年滿18歲而精神上無行為能力作出決定的人士（「**當事人**」）委任監護人，以促進並保障當事人的利益。

如果當事人無法再為自身福利及個人事宜作出合理決定，即可接受認可醫生[8]評估，判定為精神上無行為能力的人。

在以下章節，當事人是指疑似沒有能力就自身福利及個人事宜作出合理決定的人士，而精神上無行為能力的人則指已被認可醫生評定為沒有精神行為能力作出這些決定的人。

監護委員會一旦評定當事人為精神上無行為能力的人，即可委任其親友出任非官方監護人，或委任社會福利署署長為其官方監護人。

獲監護委員會委任的監護人可擁有監護令[9]授予的權力，權力概述如下（一般稱為「**監護人的六種權力**」）：

---

7. 《精神健康條例》第 59ZF（2）及（3）條。
8. 《精神健康條例》第 2（2）條。
9. 《精神健康條例》第 59R（3）條。

1) 安排該精神上無行為能力人士居住在指定地方；
2) 需要時將該精神上無行為能力人士送往指定地方；
3) 帶該精神上無行為能力人士接受醫療及其他治療或訓練；
4) 代表該精神上無行為能力人士同意接受醫療或牙科治療；
5) 容許任何醫生、認可社會工作者或監護令指明的其他人士，接觸該精神上無行為能力人士；
6) 為該精神上無行為能力人士的供養或其他利益，代其持有指明的每月港幣 17,500 元。[10]

a) 為決定當事人是否應獲收容監護而對監護申請進行聆訊，並顧及聆訊時在場任何人士的申述（如有的話）後，以及 b) 經考慮社會背景調查報告後，如監護委員會信納當事人需要一位監護人，則委員會可為當事人作出委任監護人的命令。[11]

考慮是否發出監護令時，監護委員會應當考慮當事人的利益；如果委員會認為否定當事人的意願符合其利益，則可如此行事。[12]

考慮監護申請的理據時，必須強調三個準則：

1) 當事人精神紊亂或智力障礙的狀況，限制其就與個人情況有關的所有或佔相當比例的事宜，作出合理決定；
2) 當事人的特定需要只有在其根據《精神健康條例》第 IVB 部獲收容監護的情況下，方可獲得滿足或照顧；
3) 在有關情況下沒有其他較少限制或侵擾的方法可用，而為當事人的福利或為保護他人著想，當事人應獲得收容監護。[13]

監護令應包含監護委員會認為恰當的條款，包括與監護人特定權責的執行、範圍和期限有關的條款（如有）。[14]

---

10. 見《精神健康條例》第 59R (3) (f) 及 44B (8) 條。每月款項不可超過在政府統計處發表的《綜合住戶統計調查按季統計報告》中指明的最近期就業人士每月就業收入中位數的款項。
11. 見《精神健康條例》第 59O (1) 條。
12. 見《精神健康條例》第 59K (2) 條。
13. 見《精神健康條例》第 59O (3) (b) 至 (d) 條。
14. 見《精神健康條例》第 59O (2) 條。

## I. 申請監護令的程序

### 1. 準備申請書

申請人必須填妥指定申請表格，並取得兩份關於當事人的指定醫療報告。[15]

### 2. 呈交表格 1 及醫療報告

申請人必須在最近一次與當事人見面後的 14 天內呈交表格 1 及兩份醫療報告。兩份醫療報告必須在當事人接受最近一次檢查後 14 天內呈交監護委員會，而其中一份醫療報告必須由在診斷、治療、及評估或判定精神紊亂方面，獲認可為具有專門經驗的醫生所填寫。

### 3. 要求社會背景調查報告

監護委員會秘書處會查核表格 1 及兩份醫療報告，以確定填寫妥當。其後委員會開始處理該監護令申請，並把表格 1 及兩份醫療報告的副本寄交社會福利署署長。

委員會必須要求社會福利署在四星期內，就有關當事人及其家人完成一份社會背景調查報告。負責擬備報告的社工會與申請人及當事人會面，以確定他們的意願。

### 4. 聆訊的日期、時間及地點

當全部文件準備妥當，而委員會亦已收到社會背景調查報告後，秘書處會安排聆訊日期，並在聆訊日前最少兩星期通知申請人、當事人、社會福利署署長、建議的監護人，以及其他有關人士，如親屬、醫生、社工及照顧者。

由收到正確填妥的表格 1 至聆訊當天，一般需要三至九個月的處理時間。

### 5. 聆訊

委員會將考慮有關的醫療報告、社會背景調查報告及出席聆訊人士的口供，然後對委任監護人的事宜作出命令。

---

15. 表格 1 及指定格式的醫療報告範本，請參閱《實務指示》30.1。

聆訊一般需時20至45分鐘，由最少3名監護委員會成員審理。他們會參閱有關的書面證據，及錄取出席聆訊人士的口供。委員會亦可容許若干證人透過電話作供。全面考慮有關證供後，委員會將決定是否須委任監護人；如屬所須，委員會將同時考慮監護人的人選及應獲授予的權力。

## 6. 監護令

監護委員會將就每個監護令聆訊頒下書面命令及理由，並在聆訊後7天內發給有關各方。

每個監護個案都由一名社會福利署社工負責跟進，直至監護令完結。非官方監護人必須與個案社工全面合作，在監護令期間向個案社工提供所有相關資料，包括住宿、財政及醫療各方面。個案社工每月會探訪當事人，而監護人應與個案社工定期會面和保持聯絡，並按月提交報告，包括每月財務報表及所有相關資料。

凡當事人於獲收容監護期間死亡，死因裁判官須就該宗死亡個案進行研訊。監護人應在當事人死後14天內通知社會福利署署長，並透過警務處處長向死因裁判官報告死訊，以及馬上把當事人獲收容監護的情況通知醫院，以順利安排喪禮。

在監護委員會席前進行法律程序的任何一方，可就委員會任何決定的法律問題提出上訴；或在法庭許可下，就任何其他問題提出上訴。[16]

必須注意的是，監護委員會可為接受監護人士的利益及福利著想，自行覆核任何監護令，以更改、暫時終止或撤銷監護令。[17]

---

16. 見《精神健康條例》第59W條。
17. 見《精神健康條例》第59U條。

**表 3.1：監護人與產業受託監管人的分別**

| | 監護人（《精神健康條例》第 IVB 部） | 產業受託監管人（《精神健康條例》第 II 部） |
|---|---|---|
| 法令 | 提出申請後，監護委員會可委任一位人士，成為**18歲或以上以及需要監護人**的精神上無行為能力人士的監護人，即已考慮該精神上無行為能力人士是否能對其個人情況、特殊需要、利益和福祉等作出合理決定（第59O 條）。 | 原訟法庭如信納被指稱為精神上無行為能力人士，**因無精神行為能力**而**無法**管理和處理其財產及事務，可就其財產委任產業受託監管人（第11 條）。<br><br>法庭可頒發命令，要求調查被指稱為精神上無行為能力的任何人士，是否因精神上無行為能力而無法管理和處理其財產及事務（第7–10 條）。 |
| 時間點和理據 | 在大部分情況下，為長者或有特殊需要的人士申請監護令或許不是必要的。<br><br>然而，當一個人患有精神紊亂或障礙，使其無法就有關個人情況的全部或大部分事宜作出合理決定時，如沒有限制較少或侵擾性較低的方法可用，為了其最佳利益著想，這可能有必要讓其獲得收容監護。 | 當一個人被評估為精神上無行為能力，並且需要他人協助管理和處理其財務時，例如有關銀行賬戶、股票投資、簽署和延續租約、買賣物業、清繳賬單等，或如懷疑財產被侵吞，這可能有必要委任產業受託監管人。 |
| 時限 | 初次命令有效期最長為一年（第59R(1) 條）。<br><br>經覆核，命令生效期最長可達三年（第59R(1) 條）。<br><br>緊急監護令可有最多三個月的有效期（第59R(2) 條）。 | 法庭若信納該精神上無行為能力人士已經能管理和處理其財產及事務，可隨時通過法令解除委任令，或在其去世後取消委任（第27(4) 條）。 |
| 職責 | 無論在甚麼時候，監護人都有責任按該精神上無行為能力人士的最佳利益行事。<br><br>私家監護人也有責任允許他人接觸該精神上無行為能力人士，並應將其情況的任何變化告知社會福利署署長（請參閱第136D 章《精神健康（監護）規例》第3 條）。<br><br>這可由監護委員會進行覆核（第59U 條）。 | 無論在甚麼時候，產業受託監管人都有責任按該精神上無行為能力人士的最佳利益行事。<br><br>產業受託監管人也須向法庭承擔責任，例如就該精神上無行為能力人士財務狀況的任何變化、康復情況、去世等事宜通知法庭。* |

| | 監護人（《精神健康條例》第 IVB 部） | 產業受託監管人（《精神健康條例》第 II 部） |
|---|---|---|
| 權力 | 其權力範圍（包括條款和條件）於監護令中有所定義（第 59O 條）。<br><br>例如：監護人獲准持有、收取或支付每月不超過 17,500 港元的指定款項。‡<br><br>例如：監護人有權授權或同意任何醫療或牙科治療，或就該精神上無行為能力人士的居所作出任何決定（第 59R(3)(a)、(d) 條）。 | 其權力範圍是由法庭根據第 10A 和 10B 條授予的產業受託監管令或法庭指示所定義的（第 11 至 12 條）。<br><br>產業受託監管人擁有更廣泛的權力來管理和處理該精神上無行為能力人士的財產，例如出售和結算其財產、進行法律訴訟以及執行遺囑（請參見第 10A、10B 以及 21–23 條）。<br><br>產業受託監管人無權授權或同意任何醫療或牙科治療，或就該精神上無行為能力人士的居所作出任何決定。 |

注：

\* 見香港司法機構出版的《被委任為精神上無行為能力的人的產業受託監管人須知》。

‡ 截至 2020 年 8 月 31 日。見《精神健康條例》第 59R（3）（f）及 44B（8）條。

監護人

受託監管人

**受託監管人（圖中項目）**
基金
海外資產
銀行戶口
古董及名畫
物業
保險箱
業務
股票
珠寶
汽車

現金*

**監護人（圖中項目）**
醫療
居住環境
住宿安排
安全
飲食
物理治療
牙科治療

* 為當事人的供養或其他利益而持有、收取或支付每月指定的款項（現時最高限額為每月港幣17,500元）。
這「每月款項」數額不超過當時政府統計處所發表的綜合住戶統計調查按季統計報告中最近期的每月就業收入中就港幣17,500元以內的款項作出有關的命令。（截至2020年8月31日）
按照2020年第2季的統計數字，監護委員會現時可就港幣17,500元以內的款項作出有關的命令。（截至2020年8月31日）

表 3.2：監護人與產業受託監管人的委任程序

| 《精神健康條例》第 IVB 部<br>委任監護人<br>（授權或同意任何醫療或牙科治療，以及精神上無行為能力人士的住所安排） | 《精神健康條例》第 II 部<br>委任產業受託監管人<br>（如管理精神上無行為能力人士的財產及事務） |
|---|---|
| **潛在申請人**<br>(i) 親屬<br>(ii) 社工<br>(iii) 註冊醫生<br>(iv) 社會福利署署長 | **潛在申請人**<br>(i) 親屬<br>(ii) 社會福利署署長<br>(iii) 法定代表律師<br>(iv) 被指稱為精神上無行為能力人士的監護人 |
| **第 1 階段：準備所須文件**<br>(i) 表格：監護令申請書<br>(ii) 註冊醫生備妥的兩份書面報告 | **第 1 階段：單方面申請**<br>所須文件：<br>(i) 兩份醫生證明書<br>(ii) 家庭及財產證明書<br>(iii) 由擬委任的產業受託監管人行事的同意書<br>(iv) 草擬的法令以獲取法庭指示<br>須送交法定代表律師的文件 |
| **第 2 階段：收到申請後，監護委員會將：**<br>1. 向被指稱為精神上無行為能力人士、其親屬以及社會福利署署長（如適當）發送申請書副本<br>2. 社會福利署署長準備社會背景調查報告（4 星期）<br>3. 訂下聆訊日期 | **第 2 階段：調研**<br>(a) 指示階段（沒有聆訊）<br>• 調研通知書送交被指稱為精神上無行為能力人士、法定代表律師以及法庭指示的其他相關方<br>(b) 研訊前的 10 個整日<br>• 包含所有必要指示的草擬法令（如發送方式、調研範疇及任何臨時濟助）<br>• 訟費單概要<br>(c) 研訊<br>• 決定被指稱為精神上無行為能力人士能否管理和處理其財產及事務<br>• 作出實質命令 |
| **第 3 階段：監護委員會進行聆訊** | |

# 4 精神上的行為能力

前文闡述了香港精神健康法例的基本情況。然而，我們必須先了解「**精神行為能力**」的概念，才可以繼續探討為精神上無行為能力及有特殊需要人士設計照顧計劃、管理財產和事務時，須考慮的實際事宜。

你或許記得在個案 8 中，F 先生的子女質疑 F 先生精神上的行為能力。在歷時兩日的研訊中，法庭經考慮醫學報告並聽取醫學專家、各子女及 F 先生本人的證供後，判定 F 先生沒有能力處理他的財產及事務。以下我將簡短地探討「**行為能力**」的概念，以及作出有法律效力的決定，例如遺囑、持久授權書等所需的不同程度的行為能力。

當一個有行為能力的人作出合理決定時，他或她一般都應有權自行作出決定。因此一個有早期認知障礙症病徵的人有時仍會被視為在精神上有行為能力管理其財產及事務，同意或拒絕治療；除非他或她無法作出合理決定。

## 何謂行為能力？

到底甚麼是行為能力呢？一般來說，「行為能力」指一個人在精神上能夠作出某個決定，及/或從事某些行為，及/或參與某項活動。

> 一般來說，一個人在作出某個決定時能夠：[1]
> 1）理解涉及的事實及選擇；
> 2）衡量所作出決定的後果；
> 3）向別人傳達該決定。

根據法律，一個人是被推定為具有「行為能力」的，除非情況顯示並非如此。換句話說，**「行為能力」是被推定的。**[2]

不同活動、決定、交易或往來下所需的行為能力亦有不同。[3]因此，**「行為能力」按個別決定而異。**

最後，一個人的行為能力會隨著時間及其健康或精神狀況而變化。換言之，**「行為能力」會隨時間而改變。**例如，如果今天有一個男人絆倒導致頭撞向地下，使他無法決定是否應捐出港幣 10 萬元給他喜愛的慈善機構，並不表示他未來無法作出同類決定。

---

1. 見新南威爾士政府州檢察署出版的《能力評測工具》(Capacity Toolkit)。
2. 見《香港事務律師專業操守指引》原則 5.01（4）。
3. 見 *Re Collis*, unrep. 的案例（英國保護法庭，2010 年 10 月 27 日）。

我們不應根據一個人的年齡、外表、殘疾、行為或教育水平而假設該人士缺乏「行為能力」。

如果一個人被判定缺乏行為能力去作出決定，任何人代該人士行事或作出決定時，必須以其最佳利益為依歸。[4]

重要的是，一個人因患有某種精神障礙而需要委任產業受託監管人代為管理其財產及事務，並不自動表示其缺乏精神上的行為能力。如該人能夠作出簡單的財務決定，他或她應獲許如此行事。

例如，如果一個人清楚知道自己要用多少錢買一部手提電話、電話型號、顏色及用處，我們應容許那人作出該決定或類似決定。

評估一個人的「行為能力」的原則撮要如下：[5]

1）每個人都被推定為具有「行為能力」；

2）「行為能力」按個別決定而異；

3）不要因外表而推定一個人缺乏「行為能力」；

4）我們需評估一個人作出決定的能力，而非他所作出的決定；

5）尊重個人私隱；

6）「代作決定」（substitute decision-making）是逼不得已的最後選擇。

由於行為能力是因決定而異，我會簡介在簽立遺囑、持久授權書及根據《精神健康條例》第 II 部委任產業受託監管人所需的**不同程度的行為能力**。

## 遺囑能力

「**遺囑能力**」指簽立遺囑的能力。遺囑是一個人對其死後財產分配的意願聲明書。[6]

簽立遺囑的能力分為兩部分。一般而言，簽立遺囑的人（「**立遺囑人**」）必須年滿18歲，並具有遺囑能力。

立遺囑人在簽立遺囑時必須心智及記憶健全、具備理解力（即思維清晰），並有足夠能力理解各種財產處置。[7]

---

4. 見 BMA Medical Ethics Depart, *Assessment of Mental Capacity: Guidance for Doctors and Lawyers*, 2nd ed. (UK: British Medical Association, 2008), Chapter 2.5。

5. 見新南威爾士政府州檢察署《能力評測工具》。

6. Rebecca Ong, *A Guide to Wills and Probate in Hong Kong* (Hong Kong: Sweet & Maxwell, 2014), para 1.002.

7. 見 *Halsbury's Laws of Hong Kong*, 2nd ed. (Hong Kong: LexisNexis Hong Kong, 1995), para 425.036。

在一項高等法院的判決中，法庭指出立遺囑人在簽立遺囑時必須具備的精神上行為能力包括：

1. 明白遺囑的性質及其影響；
2. 明白財產分配範圍；
3. 能夠理解並意識到他應當使其生效的申索；
4. 沒有心智障礙，以致影響其情感，顛倒其正確觀念，或阻止其行使正常能力。

法庭考慮立遺囑人是否有立遺囑的能力時，亦會考慮遺囑的合理程度。[8] 如遺囑似乎已妥當地簽立及合理，法庭會假定立遺囑人在簽立遺囑時心智健全。[9]

如有任何理由懷疑立遺囑人在精神上的行為能力，審慎的做法是由醫生評估和證明立遺囑人在給予遺囑指示和簽立遺囑時，具有相關行為能力。[10]

對於事務律師在草擬及執行遺囑時所扮演的角色，詳情請參閱第八章：〈是否訂立遺囑？〉

# 持久授權書

持久授權書是一份文件，容許簽立持久授權書的人（「**授權人**」）向信任的第三方（「**受權人**」）作出有關其財產及財政事務的指示。[11] 與一般授權書不同的是，持久授權書不會在授權人精神上變為無行為能力時失效。[12] 持久授權書必須以《持久授權書條例》（第501章）第3條訂明的格式簽立。

《持久授權書條例》第5條訂明簽立持久授權書所需的精神上行為能力。[13] 授權人必須：

1）能夠明白持久授權書的效力；
2）能夠作出授予持久授權書的決定；
3）能夠傳達授予持久授權書的遂願。

---

8. 見 *Re Estate of Au Kong Tim (No. 3)* [2017] 4 HKLRD 284，第47段，及 *Chiu Man Fu v Chiu Chung Kwan Ying,* unrep., HCAP No 9/2005（原訟法庭，2016年6月29日）。

9. 見 *Suttonro v Sadler* (1857) 3 CB (NS) 87 及 *Lau Chi Ying v Lau Wai Leung,* unrep., HCAP No 2/2009（原訟法庭，2011年12月30日）。

10. 見 *Banks v Goodfellow* (1869–70) LR 5 QB 549。

11. 《持久授權書條例》第8條。

12. 《持久授權書條例》第4條。

13. 見《持久授權書條例》第2條及《授權書條例》（第31章）第1A條。

這表示授權人必須明白：[14]

> 1）受權人將可全權管理他的事務；
> 2）受權人一般可對他的財產作出任何處理，正如他本人一樣；
> 3）如果他是或變為精神上無行為能力，授權書仍然繼續有效；
> 4）即使沒獲法庭確認，授權不因授權人精神上變為無行為能力而撤銷。

因此在簽署持久授權書時，授權人必須擁有上述所需的行為能力。[15]

如欲了解更多持久授權書的執行、範圍規限和其他規劃工具的資料，例如正待立法的持續授權書、預設醫療指示，可參閱第七章。

## 根據《精神健康條例》第 II 部申請委任產業受託監管人時所指的精神上無行為能力

如果一個人無能力處理並管理其財產，法庭有權根據《精神健康條例》第 II 部委任產業受託監管人代為管理該人的財產。正如第三章所述，如果該人在精神上變為無行為能力前沒有簽立持久授權書；或在某些情況下已簽立持久授權書，但該持久授權書未有賦予受權人足夠權力管理該精神上無行為能力人士的財產，在這些情況下，便有需要委任產業受託監管人。

在考慮是否委任產業受託監管人時，法庭會考慮當事人是否因為精神上無行為能力而無能力處理和管理其財產及事務。

申請人在提出委任產業受託監管人的申請書時，須附上兩份由註冊醫生簽署的醫生證明書，聲明當事人沒有能力處理和管理其財產及事務。如上文所述，財產及事務泛指商業事務、法律交易及其他類似事務往來。[16]

法庭在評估當事人是否具有相關的精神上行為能力時，會考慮醫學證據。[17] 醫生通常會使用認知評估分數以顯示當事人的精神上行為能力。請參考下文介紹的簡短智能測驗（**Mini-Mental State Examination, MMSE**）及蒙特利爾認知評估（**Montreal Cognitive Assessment, MoCA**）。

---

14. *Re K* [1988] 1 Ch 310，見 316D-E。
15. 《持久授權書條例》第 5（2）條。
16. 《精神健康條例》第 7（5）條。
17. 見 *CKKK v CKB*, unrep., CACV No 162/2015（上訴法庭，2016 年 9 月 30 日），第 23–31 段。

　　法庭亦會考慮當事人的財務和事務的性質及範圍，[18] 以及其個人資料，例如生活環境、家庭背景、家庭及社會責任、獲得的支援程度等。[19]

　　當代表被指稱精神上無行為能力人士向法庭申請委任產業受託監管人時，正是評估行為能力的時間。因此，支持第 II 部項下申請的醫學檢查及醫生證明書必須是最近作出的，否則法庭可能會下令提交新的醫生證明書，及／或要求醫學專家出席相關研訊。

## 評估精神上行為能力的常用工具

　　最常用的評估精神上行為能力的工具包括蒙特利爾認知評估及簡短智能測驗。

　　蒙特利爾認知評估是一個總分為 30 分的認知障礙評估，測試範圍包括短期記憶、視覺建構技巧、執行力、注意力、集中力、工作記憶、語言及時空定向能力。

　　簡短智能測驗是另一個總分為 30 分的評估，用作測試認知障礙程度。測驗範疇包括時空導向、記錄、注意力及計算、記憶力、語言、重複及複雜指令。

## 精神上行為能力的評估過程

　　在精神上行為能力評估中，視乎情況，接受評估者預期要與醫生會面大約 15 分鐘至一小時。

　　評估主要以口頭形式進行，通常由醫生向當事人提出關於其日常生活的簡單問題，並測試其短期記憶。

## 精神上無行為能力的主要成因

　　精神上無行為能力的主要成因包括：

1）先天智力障礙；
2）因受傷或疾病導致後天腦部受損；
3）濫用藥物；或

---

18. *Martin Masterman-Lister v Jewel & Home Counties Dairies* [2002] EWHC 417 (QB)，第 21 段。
19. 同上，第 25 段。

> 4）失智、阿滋海默症、自閉症、躁鬱症、腦血管病、認知障礙、癲
> 癇、幻覺/妄想症、創傷後遺症、精神病理障礙、精神分裂症、
> 中風、血管性認知障礙，或其他精神疾病。[20]

## 何謂認知障礙症？

由於人口老化，認知障礙症是導致精神上無行為能力的最常見原因之一。因此，我們也許應該在此以通俗易懂的方式探討何謂認知障礙症，尤其是並非所有認知障礙症病人都沒有能力處理和管理其財產及事務。

認知障礙常常被形容為一個綜合症，患者的大腦功能包括記憶、思考、行為和日常活動能力衰退。雖然受認知障礙症影響的主要是長者，但它並不是正常的老化現象。[21] 它是由多種影響大腦的疾病和傷患引起，例如中風或阿滋海默症。阿滋海默症是一種不可逆轉的腦部退化障礙，會破壞腦細胞和神經，擾亂腦內攜帶信息的神經傳導物質，尤其是負責儲存記憶的神經元。

認知障礙症的病情通常是漸進式惡化的，開始時是上文提及的精神或腦功能退化，然後發展至完全依賴他人並需要不同程度的服務。與認知障礙症有關的徵兆及症狀大致分為三個階段：

### 1. 早期

> 早期認知障礙的常見症狀包括：
>
> a）健忘；
> b）失去時間感；
> c）在熟悉的地方迷路。

### 2. 中期

> 中期認知障礙的常見症狀包括：
>
> a）對最近的事件和人名變得健忘；
> b）在家裡迷路；

---

20. 見本書附錄一：法律及醫學辭彙。
21. 見世界衛生組織於 2017 年 12 月 12 日出版的《痴呆症重要事實》，載於 https://www.who.int/zh/news-room/fact-sheets/detail/dementia。

c) 溝通愈來愈困難；

d) 個人護理方面需要協助；

e) 行為出現變化，包括遊蕩和重複提問。

## 3. 晚期

晚期認知障礙的常見症狀包括：

a) 無法感知時間和地點；

b) 辨認親友時感到困難；

c) 自理方面愈來愈需要協助；

d) 走路感到困難；

e) 出現更多行為變化，可能具有攻擊性。

香港大學和香港中文大學研究人員的一項研究[22]預期，年滿60歲或以上而患有認知障礙症的人士，將由2009年的103,433人，增至2039年的332,688人，升幅達222%，而當中有很大比例的患者居於院舍。

在香港65歲以上的人口之中，認知障礙症患病率估計為8%；而80歲以上的人口當中，認知障礙症患病率為20%至30%。[23]換言之，每10個年齡介乎65歲至79歲人士，及每3個80歲或以上人士之中，可能就有一個患有認知障礙症。

由於目前對認知障礙症似乎沒有有效的治療方法，我們必須盡量提供支援，以改善認知障礙症患者及其照顧者和親屬的生活，[24]例如：

1) 盡早確診，以利於盡快進行適當處理；

2) 優化體魄、認知、活動能力和健康狀況；

3) 確認並治療伴隨的身體疾病；

4) 發現並治療具挑戰性的行為及心理症狀；

5) 向照顧者提供資訊及長期支援。

---

22. Ruby Yu et al., "Trends in Prevalence and Mortality of Dementia in Elderly Hong Kong Population: Projections, Disease Burden, and Implications for Long Term Care" (2012) *International Journal of Alzheimer's Disease*.

23. 見香港立法會網頁的文章〈為認知障礙症長者提供的護理服務〉，載於 https://www.legco.gov.hk/research-publications/chinese/essentials-1617ise10-care-services-for-elderly-persons-with-dementia.htm#endnote2。

24. 見世界衛生組織《痴呆症重要事實》。

　　認知障礙症是一種漸進式的腦神經失調，至今仍未發現有效的醫治方法。有關專家已設計多項認知活動和計劃，以助改善認知障礙症患者的生活、延緩退化和提高認知儲備，以減少認知障礙症對社會的影響。

　　根據香港認知障礙症協會的建議，我們可以有方法減少患上認知障礙症的機會，並保持健康的生活方式，以促進良好的精神健康。

　　專家發現參與社交生活、培養欣賞音樂及藝術的興趣、定期運動、閱讀、學習使用電腦和其他資訊科技，都有助刺激大腦的執行功能，延緩退化和提高認知儲備。

　　如想了解更多這個課題的資料，可瀏覽世界衛生組織的網頁 https://www.who.int/zh/news-room/fact-sheets/detail/dementia；

及香港認知障礙症協會的網頁 http://www.hkada.org.hk。

# 第二部分

# 5 保護並管理精神上無行為能力人士的財產及事務的方法

　　很多育有特殊需要（例如嚴重自閉症或唐氏綜合症）成年子女的家長，都擔心自己年邁時，如何為子女的財務需要作出規劃。同樣地，照顧患有認知障礙症及其他精神上無行為能力的年老家人的看顧者，亦愈來愈關注如何防止年邁家人被侵吞財產。

　　正如第三章所解釋，根據《精神健康條例》第 IVB 部，可為年滿 18 歲而沒有能力替自己的福利和個人事務作決定的人士委任監護人。然而，監護人只獲授權代受監護人士收取指定的每月款項（現時的上限為港幣 17,500 元），[1]作為供養或利益用途。

　　因此，如果一個沒有決定能力的成年人擁有地產物業或現金及股票，我們也許需要根據《精神健康條例》第 II 部委任產業受託監管人，尤其是在家人之間存在糾紛、該人士的財產懷疑或實際上被不當處置，或一個人已簽署買賣物業協議，但在完成交易前變為精神上無行為能力等情況。

　　本章主要通過第一章提及的部分改編個案，介紹精神上無行為能力人士的家人及照顧者經常面對的問題，以及他們應尋求法律意見或協助去保障和管理精神上無行為能力人士的財產及事務的情況。一般來說，三類有特殊需要的人士可能需要保護：

> 1）有特殊需要的成年子女；
> 2）認知功能退化及有行為改變的長者；
> 3）因意外導致腦部受損的人士。

---

1. 《精神健康條例》第 59R（3）（f）條及 44B（8）條。

## 有特殊需要的成年子女

在個案1，A 夫婦的獨子 X 自幼確診患有嚴重自閉症及整體發育遲緩。雖然 X 現在25歲，但他的心智年齡只有 10歲。X 最近繼承了先祖父的一個香港住宅物業。

你或許記得，A 太太根據《精神健康條例》第 II 部向精神健康法庭提出申請委任為 X 的產業受託監管人，以管理 X 的財產及財務事宜，包括出租該物業、把租金收入存入新開立的產業受託監管人銀行戶口，而該戶口只作為 X 的利益之用，包括支付 X 的醫療及其他治療費用。

X 出生後一直由 A 夫婦照顧。當 X 未滿18歲時，A 夫婦對 X 擁有所有父母權利及責任。但當 X 年滿18歲時，雖然他在法律上已是成年人，但心智年紀上仍是孩子。因此 A 夫婦續當 X 如孩子般照顧他的日常護理、醫療及財務事宜。

當 X 繼承了先祖父的物業後，情況變得更為複雜。X 在精神上無行為能力去簽署法律文件，而他的父母開始擔心自己年老或變得無行為能力時，誰來照料 X 的福祉、物業及財政事務。他們也擔心 X 可能會簽名把資產轉移至第三者，而違反他的最佳利益。

A 夫婦考慮在香港一間著名銀行成立信託基金，委任受託人及個案經理為 X 的利益制定照顧計劃，並在意向書中向受託人闡明他們希望如何運用信託基金，支付 X 作為信託的受供養受益人的開支。

但由於缺乏營運信託基金的足夠知識和經驗，並考慮到建議的信託基金的經常性行政費用高昂，A 夫婦對於在生前成立信託基金，把其資產注入信託基金作為 X 的利益之用的做法，覺得不妥當。

當 A 夫婦與在這法律範疇有經驗的律師會面後，他們認為目前的最佳選擇是根據《精神健康條例》第 II 部，提出申請委任 A 太太為 X 的產業受託監管人，以處理 X 的財產及事務。A 太太明白作為 X 的產業受託監管人，要妥善保管每月收支賬目，並每年提交賬目，交代如何處理已代 X 收取和運用的款項及資產。A 太太對此非常樂意，因為她認為這將成為一個良好的藍本，好讓將來 A 夫婦年老或變得無行為能力時，或因任何其他原因而不能再處理 X 的財產及事務時，供日後獲委任照顧 X 的產業受託監管人參考。

因此，A 夫婦面對的問題包括：

1) X 是否具備簽署法律文件的精神行為能力；
2) 雖然家人之間沒有爭議，亦無懷疑對 X 的財產有不當處置，但是否仍有需要及是否妥當去委任產業受託監管人，以管理 X 的財產及事務；
3) 是否有需要及是否妥當去成立信託基金，作為 X 的利益之用；
4) 誰是出任 X 的受託人或產業受託監管人的最合適人選；
5) 產業受託監管人的職責及責任等。

A 夫婦面對的問題並不罕見。如欲了解更多產業受託監管人的權責，請參閱第三章、《實務指示》30.1 及《被委任為精神上無行為能力的人的產業受託監管人須知》。[2]

## 特殊需要信託

很多育有特殊需要人士的家長會擔心，在他們百年歸老後，其子女會由誰來照顧，尤其是那些無法負擔設立私人信託基金費用的家長，這是可以理解的。

為了回應家長和社會大眾的關注及訴求，香港政府在 2017 年的《施政報告》中宣布，決定牽頭成立「特殊需要信託」。

大致來說，有關建議是由社會福利署署長擔任受託人，提供既可靠又負擔得起的信託服務，在家長離世後管理他們遺下的財產，並定期向照顧其子女的個人或機構發放款項，按照家長意願照顧其子女的長遠生活需要。

《特殊需要信託》於 2018 年 12 月正式推出，並於 2019 年 3 月開始接受申請。《特殊需要信託》的框架如下：

## 法律框架

1. 根據《社會福利署署長法團條例》（第 1096 章），社會福利署署長構成單一法團，並以「社會福利署署長法團」名稱永久延續。

---

2. 載於 https://www.judiciary.hk/zh/court_services_facilities/guidance_note.html。

2. 就任何為在社會福利署照顧下的人士的利益而設立的信託，或就任何與該署工作有關而設立的信託，社會福利署署長法團可以作為受託人。

3. 社會福利署署長法團動用信託的任何資金及資產進行任何投資時，須按照《受託人條例》（第29章）的規定履行法定謹慎責任。

## 相關文件

1. 家長或親屬（「委託人」）須與社會福利署署長法團簽訂信託契約、意向書及照顧計劃，以設立信託。

2. 家長亦須簽立遺囑，指明於離世後將資金轉移至上述信託。

3. 社會福利署署長法團會提供信託契約的範本，及委託人的遺囑中應包括的建議條款。

4. 委託人應在意向書及照顧計劃中，為有特殊需要的受惠子女的需要，謹慎地訂明細節。

5. 社會福利署署長法團作為受託人，會匯聚不同信託戶口的資金，在單一投資組合進行投資，從而減低管理及其他成本。

## 財務管理

1. 投資的損益將按比例分配予各信託戶口。

2. 受託人根據擬備的具體照顧計劃，定期向有特殊需要的受惠子女的照顧者發放款項。

3. 社會福利署署長法團作為受託人，只接受現金，並會根據特殊需要信託的安排，以信託形式持有現金。

4. 信託戶口不接受委託人以分期付款或捐助，或以遺產年金方式供款，以盡量減少行政費用。

5. 當出現以下情況，信託戶口會被終止：a) 受益人去世：受託人會根據信託契約的指示，處理戶口的剩餘現金；或 b) 戶口資金耗盡：受託人會轉介受益人至合適的社會福利服務。[3]

---

3. 詳情見社會福利署刊發的「特殊需要信託」申請須知小冊子第9頁。

## 運作程序[4]

1. 如上所述，委託人在世時開立信託戶口，簽訂信託契約和意向書，擬備照顧計劃和簽立遺囑。
2. 委託人去世後，由委託人於遺囑委任的執行人變賣委託人的資產，並將資金轉移到信託戶口，以啟動信託戶口。
3. 作為受託人，社會福利署署長法團會匯聚個別家長的信託戶口資金作合併投資，投資收益（如有）存入個別戶口；管理戶口，並按信託契約的指示，向委託人指定的照顧者定期發放款項。
4. 照顧者會執行為有特殊需要的受惠子女所擬備的照顧計劃。
5. 社會福利署署長法團作為受託人，會定期檢視照顧計劃的執行情況，直到信託戶口終止。

## 考慮因素

擬備意向書及照顧計劃時，委託人應考慮子女未來的生活方式、應保留的相關開支和資金，以及一個可持續的照顧計劃。由於照顧計劃是為有特殊需要的受惠子女的利益著想，委託人在擬訂照顧計劃時，應盡量讓他們參與和尊重他們的意見。

政府，尤其是康復專員和社會福利署署長，以及香港大學法律學院的何錦璇教授和李穎芝副教授，在設立特殊需要信託方面所付出的努力，值得讚賞和嘉許。然而，香港在保護有特殊需要的兒童，以及向那些憂慮年老或離世後由誰來照顧子女的家長，所提供的支援並令他們安心方面，仍有漫漫長路要走。

## 認知功能退化及有行為改變的長者

在個案2中，80多歲的 Y 先生早上步行上班途中，過路時被車撞倒受傷，導致腦部嚴重受損，需要24小時專人護理，和需定期接受物理治療、職業治療及言語治療。

你或許記得，Y 先生的三個兒子在 Y 先生創辦的家族企業工作。Y 先生在醫院留醫時，他們發現 Y 先生的個人銀行戶口有不尋常的大額提款。

---

4. 見「特殊需要信託」申請須知小冊子第4–8頁。

在徵詢過律師的法律意見和向 Y 先生的會計師查詢後，三個兒子沒有就大額提款的事報警。他們發現 Y 先生與他的商業女夥伴 C 女士關係密切，Y 先生曾向 C 女士作出書面授權，而該些大額款項是由 C 女士提取的。

Y 先生的兒子最終決定根據《精神健康條例》第 II 部，集體申請成為 Y 先生的聯合產業受託監管人，以防止他們年老的父親被侵吞財產，和妥善管理他的財產及事務。

雖然已證實 Y 先生未有被侵吞財產，而他的銀行戶口亦沒有未經授權的提款，但 Y 先生的兒子認為仍有需要委任產業受託監管人，以處理 Y 先生的生意及財務。

再者，由於撞倒 Y 先生的汽車司機後來被判魯莽駕駛罪名成立，產業受託監管人亦以 Y 先生的起訴監護人身分，向有關司機提出訴訟，就司機疏忽而導致的傷害和損失索償。[5]

因此，Y 先生的兒子們面對的問題包括：

1. 是否需要就 Y 先生的財產懷疑被不當處置及/或侵吞而報警；
2. 是否應委任產業受託監管人以妥善管理 Y 先生的財產及事務，尤其是他的生意及資產；
3. 產業受託監管人是否有權為 Y 先生家人的生活或利益作出資助；
4. 產業受託監管人是否有權資助他人，例如在 Y 先生未變為精神上無行為能力前，一直獲得 Y 先生財政上資助的 C 女士；
5. 在撞倒 Y 先生的司機被判魯莽駕駛罪名成立後，誰有權就司機疏忽造成的傷害及損失提出索償訴訟；
6. 誰是最適合被委任為 Y 先生產業受託監管人的人選；
7. 產業受託監管人的職責和責任等。

故此，除了根據《精神健康條例》第 II 部申請為 Y 先生制訂照顧計劃和支付日常開支外，兒子們還需尋求法律意見，處理 C 女士就其獲得的財政資助而可能提出的申索，以及對撞倒 Y 先生的司機提出的訴訟。

---

5. 見《高等法院規則》（第 4A 章）第 80 號命令，有關條文規管無行為能力人士參與法律程序的情況。

## 因意外導致腦部受損的人士

你已從個案2中得悉 Y 先生因交通意外而導致腦部嚴重受損，以及他家人面對的所有問題。同樣地，在個案11，B 夫婦的8歲女兒 AB 下課後步行回家時被貨車撞倒，腦部嚴重受傷而要接受一連串手術，使 B 夫婦也面對一大堆的問題。

AB 患有肌張力障礙型四肢癱瘓腦麻痺，醫生指出她一生都要依靠胃喉進食，及需要專科護理。由於 B 夫婦的財力有限，他們申請法律援助，以向貨車司機提出訴訟，最後獲得一筆可觀的和解金並繳存到法庭。

同樣地，在個案12，Q 先生是建築工人，在一次工業意外中身受重傷以致下身癱瘓。由於 Q 先生是家中唯一的經濟支柱，Q 太太也申請法律援助，以向 Q 先生的僱主/疏忽者提出訴訟，最後 Q 先生獲得一筆大額和解金。在這個案中，Q 太太不幸患有嚴重抑鬱症及人格障礙，無法管理 Q 先生的財產及事務。

B 夫婦及 Q 太太面對的常見問題包括：

1. 如何代表精神上無行為能力的人，就人身傷害/疏忽向司機或僱主/疏忽者提出訴訟；
2. 如何為交通意外及工業意外的傷者制訂一個全面的照顧計劃，並向法庭申請發放款項；
3. 如何為重傷傷者的福利和照顧著想，運用和解金進行投資；
4. 作為產業受託監管人，如何準備需要呈交法庭的賬目及報告。

如果遇到這些問題，你應尋求法律意見。如認為自己合資格申請法律援助，請瀏覽法律援助署的網頁（www.lad.gov.hk），並向該署查詢。

## 如何投資精神上無行為能力人士在人身傷害申索中獲判的損害賠償金

在大部分人身傷害索償案中，判予精神上無行為能力人士的損害賠償金會繳存到法庭，使該人士能以訴訟人儲存金的利率賺取利息，直到該人士的

產業受託監管人申請提取款項。在嚴重人身傷害的個案中，這些損害賠償金額可以很可觀。大部分儲存金會存放在商業銀行作定期存款，年期由一至六個月不等。淨回報率如下表所列。

| 時期 | 平均年利率（%） | 根據基於6月數值的綜合消費物價指數（在年度中旬）的通脹／通縮率（%） | 淨回報率（%） |
|---|---|---|---|
| 2007年1月1日至12月31日 | 4.30 | 1.3 | 3 |
| 2008年1月1日至12月31日 | 2.48 | 6.1 | -3.62 |
| 2009年1月1日至12月31日 | 0.52 | -0.9 | 1.42 |
| 2010年1月1日至12月31日 | 0.33 | 2.8 | -2.47 |
| 2011年1月1日至12月31日 | 0.69 | 5.6 | -4.91 |
| 2012年1月1日至12月31日 | 0.91 | 3.7 | -2.79 |
| 2013年1月1日至12月31日 | 0.71 | 4.1 | -3.39 |
| 2014年1月1日至12月31日 | 0.74 | 3.6 | -2.86 |
| 2015年1月1日至12月31日 | 0.60 | 3.1 | -2.5 |
| 2016年1月1日至12月31日 | 0.67 | 2.4 | -1.73 |
| 2017年1月1日至9月1日 | 0.61 | 1.9 | -1.29 |

　　折扣率反映利率或投資回報率，因此折扣率愈高，乘數愈小，最後判給傷者的賠償額亦愈低。

　　包華禮法官在 Chan Pak Ting v Chan Chi Kuen (No. 2) [2013] 2 HKLRD 1 一案的判案書中總結，自1996年在 Chan Pui Ki v Leung On 一案作出判決以來，整體經濟氣候已出現重大變化，以往沿用的每年4.5% 淨回報率在香港已不切實際。他裁定有超過十年需要的原訴人的折扣率為 2.5% 的淨通脹率。

　　但如果儲存金存放在法庭，以訴訟人儲存金的利率賺取利息，會無法達致每年2.5% 的淨回報率，即淨通脹率。[6] 包華禮法官在判案書中對於投資組合類型提出了若干指引，也許適合賠償給有超過十年需要的申索人，摘要見第67頁：

---

6.　見 Chan Pak Ting 案判案書第68及96段。

1. 10% 投資於定期存款；
2. 70% 投資於 BBB+ 或更佳評級的優質債券；及
3. 20% 投資於合資格作為「孤寡股」的優質藍籌股。

　　因此，獲委任代表無行為能力的申索人的產業受託監管人應尋求適當的法律意見，研究如何向精神健康法庭提出申請，代表該精神上無行為能力的人士把大部分收到的損害賠償金用作投資。

　　由於香港沒有保護法庭，司法機構可以考慮在和解後，由原先負責人身傷害索償案的法官擔任與申索人有關的精神健康案的法官，會否更具成本效益和對申索人有利，因為該法官也許更了解要為申索人制訂怎樣的照顧計劃。

# 6 管理精神上無行為能力人士的資產須顧及的實際事宜

上文第三章已闡述根據《精神健康條例》第 II 部委任產業受託監管人的程序。在本章，我們會探討在委任產業受託監管人後，應如何管理精神上無行為能力人士的資產。

首先介紹司法機構出版的《被委任為精神上無行為能力的人的產業受託監管人須知》（「**須知**」）。[1] 法庭頒下委任令後，會向新獲委任的產業受託監管人發出該份須知。

此份須知訂明產業受託監管人的權責，及需要採取的措施。該須知亦附有按法庭命令通常需要每年向法庭呈交的賬目明細表樣本。本章末附載該須知。

產業受託監管人必須檢視相關法庭命令或指示中賦予的權力及特定責任，這些權力及責任會因個案而異。本章末載列作為《實務指示》30.1 附件的標準法令樣本。

## 精神上無行為能力人士不同類型的資產

精神上無行為能力人士可能擁有不同類型的資產，包括現金、股票、保險箱內的貴重物品、地產物業及個人非土地實產。下文會介紹產業受託監管人應如何管理不同類型的資產。

## I. 現金

現金是精神上無行為能力人士最常見的資產形式，有時是唯一的主要形式。

---

1. 見 https://www.judiciary.hk/zh/court_services_facilities/guidance_note.html。

產業受託監管人的委任令賦予產業受託監管人開立銀行戶口的權力。此事極為重要，因為產業受託監管人應就該精神上無行為能力人士的資產保存獨立賬目。由於開立產業受託監管人的獨立銀行戶口需時，這通常是產業受託監管人獲委任後要做的第一件事。

產業受託監管人應留意，並非所有香港銀行都熟悉開立產業受託監管人銀行戶口的事宜。產業受託監管人最好先查詢不同銀行，以了解其開立銀行戶口的政策、服務質素及利率，以作比較。

產業受託監管人開立銀行戶口後，應書面通知該精神上無行為能力人士有開立戶口（包括儲蓄、往來及定期存款戶口）的各間銀行，以把該精神上無行為能力人士戶口的款項轉入產業受託監管人的銀行戶口，然後便可關閉其名下的銀行戶口。

產業受託監管人有時亦須以書面方式向不同銀行查詢，以確定該精神上無行為能人士是否有在個別銀行開立戶口。如有，他應要求該銀行關閉其戶口，並把資金轉入產業受託監管人的戶口。

在香港，有些精神上無行為能力的長者會把現金存放家中，塞在床底的餅罐或月餅盒內。如果產業受託監管人在他們家中發現現金，他有責任妥善記賬，並把款項存入產業受託監管人的銀行戶口。

## II. 股票

股票及公司股份可以是實物股票或存放在銀行或證券公司證券戶口的股票。實物股票須妥當存放（例如在產業受託監管人的保險箱內），而證券戶口的股票可過戶至產業受託監管人的證券戶口。

委任產業受託監管人的事須通知各股份登記處。如無須即時出售股份以維持該精神上無行為能力人士的生活，一般會根據該精神上無行為能力人士原本的投資喜好而保存該等股份。

然而，若產業受託監管人希望聘請股票經紀及銀行家，就該精神上無行為能力人士的資產及股票投資管理提供意見，產業受託監管人應取得所有相關資料，包括經紀收費、公司簡介、投資產品詳情及其淨投資回報，並在產業受託監管人的投資報告中列明作出該項投資決定的理由。[2]

---

2.　見《實務指示》30.1 附件 F 第 8 段。

## III. 保險箱

如果該精神上無行為能力人士有開設銀行保險箱，產業受託監管人應根據法庭命令，為保險箱內的物品擬備清單，並把物品轉移至由產業受託監管人開立的保險箱內。

產業受託監管人須安排向不同銀行查詢是否有可供租用的空置保險箱，而且如有需要，建議在轉移物品時僱用警衛押運。

## IV. 地產物業

產業受託監管人應在土地註冊處登記法庭命令，以接管該精神上無行為能力人士名義上持有的地產物業，並在有需要時更換鎖具。在登記法令時可能涉及各種須關注的事項和複雜情況，就此請徵詢適當的法律意見。

為保護精神上無行為能力人士的資產，產業受託監管人應安排替物業購買足夠的保險，和進行合適的維修保養。

與地產物業有關的支出，例如管理費及政府的差餉地租，應由產業受託監管人從該精神上無行為能力人士的資產中支付，產業受託監管人亦應通知差餉物業估價署更改聯絡資料。

如果有關物業是作投資之用，產業受託監管人應在核實獲得明確賦權的法令後，代表該精神上無行為能力人士延續或簽訂新租約，以取得租金收入。

如未獲明確賦權，產業受託監管人應考慮就出租物業的事宜尋求法庭指示。如有關物業需要進行大型裝修或維修工程（例如接獲建築命令），就必須向法庭申請特別批准及指示。

管理產業的權力並不擴及將該產業出售或以按揭形式作押記的權力，亦不擴及將任何不動產出租的權力，除非租期不超過3年。[3]

產業受託監管人如有疑問，應尋求法律協助和要求法庭澄清，因為與精神上無行為能力人士的地產物業有關的大部分重要決定，都必須由法庭批准。

## V. 個人非土地實產

視乎該等個人非土地實產的性質，產業受託監管人可能需要留意特別的儲存設施及打理方法（例如畫作及古董），和為貴重物品購買適當保險。

---

3. 《精神健康條例》第12條。

## VI. 社會福利

如果該精神上無行為能力人士有領取綜援、高齡津貼或傷殘津貼，產業受託監管人應聯絡相關的社會福利署地區福利專員，安排日後把津貼存入產業受託監管人的銀行戶口。

## VII. 居於境外的精神上無行為能力人士的香港財產轉移

如果該精神上無行為能力人士居於香港境外，法庭若信納該人已被宣布為精神上無行為能力，且信納其個人產業已根據所居地的法律轉歸產業受託監管人、保佐人或財務管理人，法庭即可在認為合適的情況下，命令將其處於香港的財產轉歸該產業受託監管人、保佐人或財務管理人。[4]

# 為精神上無行為能力人士支付費用

產業受託監管人無須負責決定該精神上無行為能力人士的住宿及醫療，但他需要負責支付相關費用。如該精神上無行為能力人士住在安老院或醫院，產業受託監管人應安排向安老院或醫院支付與其有關的費用。

因此，為該精神上無行為能力人士支付的費用包括：

1) 住宿費用，包括公用設施開支；
2) 膳食及家居開支；
3) 家務助理及其他專業照顧者；
4) 交通；
5) 個人儀容打扮；
6) 醫療；
7) 度假；
8) 稅項及保險；
9) 受供養的家人等。

---

4. 《精神健康條例》第 23 條。

# 獲委任為產業受託監管人後須顧及的實際事宜

下文是獲委任為產業受託監管人後須顧及的若干實際步驟。如有疑問，你應向律師或法庭尋求進一步的指示或澄清。

## 1. 法庭命令或受託監管令

法庭委任你為產業受託監管人的命令 (一般稱為「**受託監管令**」)，涵蓋賦予產業受託監管人處理該精神上無行為能力人士的財產及事務的所有權力，請仔細檢視受託監管令列明的權力。如希望採取任何受託監管令沒有涵蓋的步驟，請向法庭申請特別指示，或諮詢專門從事這個法律範疇的律師。

請確保取得足夠的受託監管令蓋印副本，以供使用。

## 2. 開立產業受託監管人銀行戶口

獲委任為產業受託監管人後，你應立即安排於持牌銀行開立產業受託監管人銀行戶口。開戶過程通常需時最少4至6個星期，因此這個步驟應要盡快進行。

視乎該精神上無行為能力人士流動資產的規模和性質，產業受託監管人通常會開立三個戶口：一個往來戶口、一個儲蓄戶口和一個證券戶口。

香港大部分銀行都需要開戶人出示一份受託監管令的蓋印副本，以供開立產業受託監管人戶口之用。

## 3. 把委任令通知有關人士及機構

在受託監管令蓋印後，你應以書面方式通知下列機構。請留意以下名單只供參考，並非詳盡無遺：

1) 該精神上無行為能力人士有開立戶口的銀行，以安排把其戶口款項轉移到產業受託監管人的銀行戶口 (如適用)；
2) 有關公司或證券公司，以轉移股份 (如適用)；
3) 社會福利署，以處理傷殘或高齡津貼 (如適用)；
4) 任何代該精神上無行為能力人士持有款項的人士或機構；

5) 政府機關，例如倘若該精神上無行為能力人士要繳付入息稅及／或擁有地產物業，通知稅務局或差餉物業估價署；

6) 如果該精神上無行為能力人士擁有地產物業，通知有關物業管理公司及公用事業機構。

## 4. 保險箱

如該精神上無行為能力人士在銀行擁有保險箱，應安排打開保險箱，為保險箱內的物品擬備清單，並在適當及必要時把物品移往以產業受託監管人名義開立的保險箱內。

## 5. 地產物業

如該精神上無行為能力人士擁有地產物業，產業受託監管人必須安排保護有關物業，包括但不限於下列事項：

1) 取得該物業的樓契；

2) 視察有關物業，適當時更換鎖具；

3) 於土地註冊處登記受託監管令的蓋印副本；

4) 為物業及物業內的物品購買適合及必要的保險；

5) 通知物業管理處和安排支付管理費等；

6) 通知差餉物業估價署以支付差餉；

7) 如有需要，通知租戶及安排把租金存入產業受託監管人的銀行戶口。

## 6. 遺囑或授權書

產業受託監管人應打聽該精神上無行為能力人士是否有簽立遺囑及授權書。如有發現，應把這些文件存放在安全地方。

產業受託監管人亦應考慮是否有必要簽立法定遺囑。如有需要，應通知法庭。如欲了解更多法定遺囑的資料，請參考第八章〈是否訂立遺囑？〉。

## 7. 每月開支

產業受託監管人必須就該精神上無行為能力人士的利益而需支付的款項取得發票正本。如果該些支出沒有收據，產業受託監管人必須取得收款人的書面確認，說明款項的用途，並定期監察開支。

## 8. 記賬

產業受託監管人應把所有代該精神上無行為能力人士收取的款項，存入產業受託監管人的銀行戶口，並從該戶口提取所有為其支付的款項。產業受託監管人必須保存所有銀行月結單、收據和發票。

## 9. 該精神上無行為能力人士的情況改變

如該精神上無行為能力人士遇到下列情況，產業受託監管人必須通知法庭：

> 1）該人擁有其他資產或繼承了任何財產或金錢；
> 2）該人有可能已結婚、離婚或牽涉於任何法律程序；
> 3）該人已康復，無須產業受託監管人協助處理和管理其財產及事務；或
> 4）該人去世。

## 10. 為該精神上無行為能力人士的最佳利益行事

產業受託監管人在任何時候行事時，均須以該精神上無行為能力人士的最佳利益作為目標。使用該人的金錢時，要確保能給他/她最好的生活質素。

因此，如產業受託監管人私底下並不認識該精神上無行為能力人士，他應主動了解該人，並且向其至親好友適當地打聽一下，以認識其在精神上尚有行為能力時的喜惡、意願、信念及過往決定，對處理其事務肯定會有幫助。

表6.1：被委任為受託監管人後須採取的步驟

1　了解該精神上無行為能力人士的需求。

2　檢視相關法庭命令或指示中賦予的權力及特定責任。

3　確定並核實該精神上無行為能力人士不同類型的資產及開立一個產業受託監管人銀行戶口。

4　把委任令通知有關人士及機構。

5　滙集及看管該精神上無行為能力人士的財產。

6　每月為該精神上無行為能力人士安排支付所需費用。

7　準備賬目並保存所有銀行月結單、收據、發票等。

8　每年按時向法院提交賬目。

文件：[5]

《被委任為精神上無行為能力的人的產業受託監管人須知》

---

[Chinese Translation — 中譯本]

### 被委任爲精神上無行爲能力的人

### 的產業受託監管人須知

根據香港法例第 136 章《精神健康條例》第 II 部，你被委任爲一名精神上無行爲能力的人("該人")的產業受託監管人（"監管人"），須處理和管理其財產和事務。本須知旨在介紹監管人所擔當的角色，以及其須負的責任。本須知亦會特別講述監管人須採取的某些措施。如有疑問，應請教律師，或請求法院提供進一步的指示或澄清。

### 產業受託監管人的權力

在法院委任你的命令中，會清楚列出你的權力。該等權力只限於處理該人的財產和財務事宜。

要是出現以下情況，你的權力便會終止：

a)    法院信納該人已經康復；或

b)    該人已去世；或

---

5.    有關法令見《實務指示》30.1 附件 F。

c) 已經委任另一產業受託監管人代替你。

## 產業受託監管人的責任

你有責任：

— 在任何時候，行事時均符合該人的最佳利益

— 在使用該人的金錢時，確保能給他/她最好的生活質素

— 履行法院所有指示和命令

— 開立一個監管人銀行戶口

— 看管該人的財產

— 確保收取所有收入，並準時支付所有賬款

— 替該人申索其應得的所有社會保障福利

— 每年或在法院提出要求時準備賬目

— 將所有重要文件和其他貴重物品存放在安全的地方

— 確保該人的物業有妥善保安；維持物業有合理的維修狀況；以及替物業購買足夠的保險

— 處理該人的稅務事宜

— 在處理該人的積蓄及/或投資前，先取得法院的准許

— 在該人的財務狀況有任何轉變，例如你發現他/她擁有
其他資產，或如他/她繼承了任何財產或金錢時，將消
息通知法院

— 在該人有可能結婚、離婚或牽涉於任何法律程序時，將
消息通知法院

— 在考慮準備法定遺囑時，將消息通知法院

— 在該人的地址和住宿費用有所變更時，將消息通知法院

— 在該人康復後，將消息通知法院

— 在該人的去世後，將消息通知法院

## 取得法院指示

請注意，在法院裁斷一個人為精神上無行為能力的人後，如
果要處理其遺產（包括資產和財務），便必須獲得法院批
准。

雖然你是該人的產業受託監管人，但並不代表你可隨意處理
其財產和財務事宜。你代該人做任何事情前，必須核對法院
委任你的命令，確保你有權這樣做。換句話說，如果你想要

出售該人的物業、股份和股票，便需要法庭在命令中特別作出指示，才可以這樣做。

如果你需要代該人做某些事情，而法院委任你的命令又沒有賦予你這樣的權力，你便必須向法院提出申請，並在得到法院特別授權後，方可做該事情。如有疑問，應請教律師。

## 你作為產業受託監管人須採取的措施

1. 產業受託監管人銀行戶口

當你被委任為產業受託監管人後，你便需開立一個產業受託監管人銀行戶口。你須向銀行出示法院委任你為產業受託監管人的命令。開立產業受託監管人銀行戶口後，必須將所有屬於該人的款項存入該戶口內。如果該人有任何福利或收入，你便必須安排該等款項存入產業受託監管人的銀行戶口內。

你必須時常分清該人的金錢和你自己的金錢。

2.　　通知

你必須通知所有有關當局（例如稅務局、土地註冊處，以及水、電、煤氣供應商），你現在擔任該人的產業受託監管人。

3.　　記賬

你須要做的事情，包括每年（或法院特定的任何時期）提供賬目，交代你如何處理已代該人所收的款項，以及如何代他/她用款。法院通常會在委任你的命令上註明你有責任提供賬目。

爲了方便準備賬目，請你：

a)　　將所有你代該人所收的款項存入產業受託監管人的銀行戶口內；

b)　　從該戶口支付所有該人的帳款；以及

c)　　保存所有銀行月結單、收據和發票

現隨本須知附上帳目結算表的樣本，以供你參考。

如果你未能按照命令提供賬目，則你作爲該人的產業受託監

管人的身份便有可能被解除，而你也可能被他/她控告。

[精神上無行為能力的人的姓名] 的產業月結賬目明細表

_月/年：/_ （每月填寫）

| 收入 | | | 支出 | | 收據 | |
|---|---|---|---|---|---|---|
| 項目 | 款額 | | 項目 | 款額 | 有 | 沒有 |
| 1. 公共福利金 | $ | | 1. 護養院收費/宿費 | $ | | |
| 2. 退休金 | $ | | 2. 紙尿褲費 | $ | | |
| 3. 利息/股息(如：銀行賬戶/股票) | | | 3. 醫療開支(如：診症費、住院費、物理治療收費) | | | |
| (1) | $ | | (1) | $ | | |
| (2) | $ | | (2) | $ | | |
| (3) | $ | | (3) | $ | | |
| 4. 租金收入(列出物業地址) | | | 4. 家庭傭工 | $ | | |
| (1) | $ | | 5. 私家看護 | $ | | |
| (2) | $ | | 6. 膳食 | $ | | |
| 5. 出售股票/物業的收益 | | | 7. 交通 | $ | | |
| (1) | $ | | 8. 公用設施(如：電力、煤氣、差餉、電話、食水) | | | |
| (2) | $ | | (1) | $ | | |
| 6. 家庭成員的供款 | | | (2) | $ | | |
| (1) | $ | | 9. 其他開支(請註明) | | | |
| (2) | $ | | 10. 償還債項 | | | |
| 7. 其他(請註明) | | | (1) | $ | | |
| (1) | $ | | (2) | $ | | |
| (2) | $ | | | | | |
| 總計： | $ | | 總計： | $ | | |

產業受託監管人簽署：

日期：

(*請保存所有發票或收據，並向法庭提交副本)

附件

# 樣本

## [精神上無行為能力的人的姓名] 截至 [年/月/日] 的產業**年度報告**
### （*每年填寫*）

| 月份 | 收入 | 支出 | 結餘 |
|---|---|---|---|
| *承前款額* | | | $ |
| 一月 | $ | $ | $ |
| 二月 | $ | $ | $ |
| 三月 | $ | $ | $ |
| 四月 | $ | $ | $ |
| 五月 | $ | $ | $ |
| 六月 | $ | $ | $ |
| 七月 | $ | $ | $ |
| 八月 | $ | $ | $ |
| 九月 | $ | $ | $ |
| 十月 | $ | $ | $ |
| 十一月 | $ | $ | $ |
| 十二月 | $ | $ | $ |
| | | 總計：盈/虧 | $ |

產業受託監管人簽署：＿＿＿＿＿＿＿＿＿＿＿＿

日期：＿＿＿＿＿＿＿＿＿＿＿＿＿＿＿＿

*(\*每月的分類細賬會列於月結賬目明細表)*

[精神上無行為能力的人的姓名] 截至 [年/月/日] 的產業的資產
*(每年填寫)*

| 資產 | 截至年/月/日的價值 | 如有任何資產於此期間出售，請註明 | | | |
|---|---|---|---|---|---|
| | | 出售日期 | 出售價格 | 扣除成本（如有） | 淨值 |
| 1. 銀行賬戶 (請說明銀行名稱及賬戶號碼) <br>(1) <br>(2) | $<br>$ | | | | |
| 2. 股票/股本/債券/基金 <br>(1) <br>(2) <br>(3) <br>(4) | $<br>$<br>$<br>$ | | | | |
| 3. 地產 <br>(1) <br>(2) <br>(3) | $<br>$<br>$ | | | | |
| 4. 保險箱內的物品 <br>(1) <br>(2) | $<br>$ | | | | |
| 5. 其他資產 如：人壽保險單、珠寶、汽車、古董等 <br>(1) <br>(2) | $<br>$ | | | | |

產業受託監管人簽署：＿＿＿＿＿＿＿

日期：＿＿＿＿＿＿＿

*(* 請向法庭提交銀行結單、基金/信託結單、股票結單等副本)*

標準命令文稿樣本

HCMH [　　　　　]/20[　　]

香港特別行政區
高等法院
原訟法庭
精神健康條例案件20[　　] 年第 [　　　　] 號

——————

關於香港法例第 136 章《精神健康條例》
（"有關條例"）第 II 部
及
關於被指稱為精神上無行為能力的人
[ 加上該人的名字縮寫 ] 的事宜

——————

**在 [　　　　　　　　　　] 席前內庭聆訊**

**命令**

**經聽取**申請人的 [ 律師 / 大律師 ] 在 [ 加上該精神上無行為能力的人的名字縮寫 ][ 出席 / 缺席 ] 下作出的陳詞

**又本法庭**信納，[ 該精神上無行為能力的人的全名 ][ 加上該人的名字縮寫 ]，因精神上無行為能力（根據香港法例第 136 章《精神健康條例》的定義），而無能力處理和管理 [ 他 / 她 ] 的財產和事務。

**現下令**

1. 委任 [　　　　　　　　] 在這事項上出任 [ 加上該精神上無行為能力的人的名字縮寫 ] 的產業受託監管人；其獲授的權力，只限於本命令所賦予的，或其後的法庭命令、指示或授權所賦予的。

[2. 由即日起，准予為維持 [ 加上該精神上無行為能力的人的名字縮寫 ] 的生活和照顧其一般福利（包括醫藥費），以及為達到法庭不時指示的其他目的，而動用必需動用的款額；又如果 [ 加上該人的名字縮寫 ] 的淨收入不足以達到該些目的，受託監管人有權使用 [ 加上該精神上無行為能力的人的名字縮寫 ] 的資產。][ 如有關的話 ]

3. 受託監管人獲授權以 [ 加上該精神上無行為能力的人的名字縮寫 ] 的名義代其就以下資產發出必要的提取通知、收取以下資產及就以下資產給予責任解除：—

    (a) 在香港或其他地方經營業務的持牌銀行、有限制牌照銀行、私人銀行、接受存款公司、信託公司的帳戶 (不論是往來戶口、存款戶口、定期存款或其他帳戶) 中，記於 [ 加上該精神上無行為能力的人的名字縮寫 ] 的貸方的所有或任何款項 (不論該等款項是以 [ 加上該精神上無行為能力的人的名字縮寫 ] 個人的名義持有或與其他人聯名持有)，和在任何財務機構以代名人的名義持有的任何投資；

    (b) [ 加上該精神上無行為能力的人的名字縮寫 ] 持有的所有及任何股額、股份、優先股份和其他相類似的資產 (不論是單獨持有或與其他人聯名持有)，和在任何財務機構以代名人的名義持有的任何投資；和

    (c) [ 加上該精神上無行為能力的人的名字縮寫 ] 有權享有 (不論是單獨享有或與其他人共同享有) 的所有股息、利息、信託方面的付款、租金、特許費、公共福利金及其他不論屬何性質或來源的收入，或按法庭指示。

4. 受託監管人獲授權以 [ 加上該精神上無行為能力的人的名字縮寫 ] 的名義代其撤回 [ 加上該精神上無行為能力的人的名字縮寫 ] 與其他人共同給予任何在香港或其他地方經營業務的持牌銀行、有限制牌照銀行、私人銀行、接受存款公司、股票經紀、基金經理、投資顧問或經理 (及其他) 的委託書和授權書。

5. 受託監管人獲授權打開和促致打開以 [ 加上該精神上無行為能力的人的名字縮寫 ] 的名義在香港和其他地方登記開立 (不論是單獨或與其他人共同開立) 的任何保險箱，和把箱內的物品移往受託監管人據此命令獲授權以本身的名義開立的一個 (或多個) 保險箱內。

6. 受託監管人獲賦權力將其掌管的屬於 [ 加上該精神上無行為能力的人的名字縮寫 ] 的任何款項，及其根據本命令所收到的任何款項處理如下：

    (a) 支付為維持 [ 加上該精神上無行為能力的人的名字縮寫 ] 的生活和照顧其一般福利而欠下的款項；

    (b) 支付 [ 加上該精神上無行為能力的人的名字縮寫 ] 的任何債項；

    (c) 支付本申請的訟費 (按下述規定)；和

    [(d) 根據香港法例第 29 章《受託人條例》的規定，把盈餘用作投資 ][ 如有關的話 ]

7. 受託監管人獲賦權力以受託監管人的名義，開立一個或多個屬於受託監管人的銀行戶口以及證券和／或投資戶口。

[8. 受託監管人獲授權不時在其認為有需要的情況下，聘請股票經紀、商人銀行、稅務顧問、會計師、律師和大律師，就有關下述的事宜提供意見：[ *加上該精神上無行為能力的人的名字縮寫* ] 的資產和先前的資產（包括與其他人共同擁有的資產和先前的資產）、[ *他／她* ] 的資產和先前的資產（包括與其他人共同擁有的資產和先前的資產）的任何交易或轉讓、[ *加上該人的名字縮寫* ] 的產業的投資和管理、該受託監管人的處事方式、以及在受託監管人根據本命令和其後本案中的任何命令履行其職責時的一般有關或附帶的事務；受託監管人並獲授權由 [ *加上該精神上無行為能力的人的名字縮寫* ] 的產業撥款支付顧問因提供意見所收取的一切費用。就 [ *加上該人的名字縮寫* ] 的非土地產業的投資，受託監管人須於本命令的日期起計120天內，或在本庭指示的其他期限內，向本庭提交報告。][ *如有關的話* ]

9. 受託監管人獲賦權力採取其認為需要或適合的步驟，來確定和核實 [ *加上該精神上無行為能力的人的名字縮寫* ] 在香港和其他地方的資產（包括與其他人共同擁有的資產）的範圍，並獲授權以 [ *加上該人的名字縮寫* ] 的名義，代 [ *他／她* ] 進行受託監管人認為為達致該目的而適宜進行的調查工作。

10. 受託監管人須應要求向法庭呈交帳目。另外，受託監管人在本命令的日期起計，每公曆年最少須呈交一次帳目，而第一份該等帳目所涵蓋的時段應以 [　　（年）] 12月31日為終結日，受託監管人須在該時段的終結日後的120天內，或本庭指示的其他期限內，向本庭呈交該等帳目。

11. 受託監管人獲賦權力管有所有 [ *加上該精神上無行為能力的人的名字縮寫* ] 授予的授權書，和所有 [ *加上該人的名字縮寫* ] 訂立的遺囑和任何相關的遺囑更改附件，並代 [ *加上該人的名字縮寫* ] 以 [ *他／她* ] 的名義，對下述事宜進行其認為適合的調查：該等授權書、遺囑和遺囑更改附件的條款、[ *他／她* ] 就該等文件所作的指示、別人就該等文件給予 [ *他／她* ] 的任何意見（包括法律意見）、以及該等授權書、遺囑和遺囑更改附件在甚麼情況下訂立。

12. 任何屬於 [ *加上該人的名字縮寫* ] 的證券和業權契據均須以受託監管人的名義存放於保險箱內，並須繼續如此存放，惟須以法庭指示為準。

13. 本項申請的申請人、[ *他／她* ] 的律師和受託監管人的訟費、以及本項申請所附帶和引起的費用，按第62號命令第9(4)(b)條規則，定為元，受託監管人須從 [ *加上該人的名字縮寫* ] 的資產中撥款支付該等費用。

14. ﹝受託監管人就其提供的服務獲支付酬金；除非下文就這方面有其他的命令，否則酬金將按其致申請人的代表律師、註明日期為﹝　　　　﹞的信內的條款而定；該信已隨附於家庭和財產證明書中，於本法律程序中存檔。﹞﹝*如有關的話：若由近親擔任受託監管人，法庭通常不會准許支付酬金予該名近親*﹞

15. ﹝受託監管人可在沒有提供保證的情況下行事，提供保證一事可予免除。﹞

16. 受託監管人可就其根據本命令和其後本案中的任何命令履行其職責時的一般有關或附帶事務，而在香港和其他地方委聘律師和大律師，費用由﹝*加上該精神上無行為能力的人的名字縮寫*﹞負擔。﹝*如有關的話*﹞

17. 本案各方可隨時提出申請。

﹝18. 本法律程序或於本法律程序中作出的本命令和其後的任何命令的相關資料，不得予以發表，但如為使該等命令產生效力或為遵行該等命令的條款而必須作出發表，或本庭在進一步的命令中明文授權准予發表，則屬例外。﹞

﹝19. 受託監管人須應﹝*加上該精神上無行為能力的人的名字縮寫*﹞的下述親屬所提出的查詢，提交報告：—
　　﹝　*請填寫*　﹞　　　　﹞

﹝20. 補充命令（例如在以下方面）：
　　(a) 進行法律程序；
　　(b) 物業的出售，或年期超過 3 年的租賃；
　　(c) 沒有存放在保險箱內的動產的管有。
　　﹝　*請填寫*　﹞　　　　﹞

日期：20﹝　﹞年﹝　﹞月﹝　﹞日

**司法常務官**

# 第三部分

# 7 其他策劃工具：持久授權書、預設醫療指示、持續授權書

前文第四章已介紹**精神上行為能力**的概念。你也許仍記得，所謂精神上行為能力大致指作出某個決定的精神能力，例如接受或拒絕治療、如何在日常生活中運用金錢，及／或更複雜的財務決定，包括投資、財富及繼承權策劃等。

如前文所述，簽訂遺囑、持久授權書或預設醫療指示均要求不同程度的精神上行為能力，而有些專科醫生，例如精神科醫生，是受過專業訓練去評估一個人是否有精神上行為能力處理和管理其財產及事務。

在本章，我會簡述一個人仍有所需的精神上行為能力時可考慮使用的其他策劃工具，例如持久授權書、預設醫療指示、正待立法的持續授權書。

## 持久授權書

持久授權書是一份文件，容許訂立持久授權書的人（「**授權人**」）委任代理人（「**受權人**」），就自己日後精神上變為無行為能力時對受權人作出有關自身事務的指示。[1]

現行的持久授權書制度受《持久授權書條例》（第501章）規管。持久授權書只賦予受權人安排授權人的財產及財政事務的權限。[2]

### 持久授權書的特質

根據《持久授權書條例》第3條，持久授權書必須採取指明的格式。

---

1. 《持久授權書條例》第4條。
2. 《持久授權書條例》第8（1）條。

除非在該文件中已指明持久授權在某一日期或某一事件發生之時生效，否則持久授權書在其簽立之時生效。[3]

持久授權書在授權人精神上變為無行為能力之後仍繼續有效，意味在授權人精神上變為無行為能力後，受權人仍可繼續管理授權人的事宜。

相反，一般的授權書會在授權人精神上變為無行為能力時失效。[4]

## 簽立持久授權書

簽立持久授權書時，授權人必須在一名註冊醫生及一名事務律師面前簽署該文書。授權人須同時在醫生及事務律師面前簽署該持久授權書，或先在醫生面前簽署，並由該項簽署翌日起計的28天內，再在事務律師面前簽署該持久授權書。[5]

該事務律師必須核證：[6]

1. 授權人看似在精神上有行為能力；
2. 該份持久授權書是於該事務律師在場的情況下簽署；
3. 授權人是自願簽署該份持久授權書。

該醫生必須核證：[7]

1. 他或她信納授權人在精神上有行為能力；
2. 該份持久授權書是於其本人在場的情況下簽署；
3. 授權人是自願簽署該份持久授權書。

受權人亦必須在持久授權書上簽署。[8] 雖然受權人不必與授權人同時簽署該持久授權書，但實際上他們通常都會同時簽署。[9]

---

3. 《持久授權書條例》第10條。
4. 《持久授權書條例》第4條。
5. 《持久授權書條例》第5(2)(a)條；亦見《持久授權書(訂明格式)規例》(501章)附表1表格1第11段(一名受權人)，及《持久授權書(訂明格式)規例》附表2表格2第12段(多名受權人)。
6. 《持久授權書條例》第5(2)(d)條；亦見《持久授權書(訂明格式)規例》附表1表格1第11段，及附表2表格2第12段。
7. 《持久授權書條例》第5(2)(e)條；亦見《持久授權書(訂明格式)規例》附表1表格1第11段(一名受權人)及附表2表格2第12段(多名受權人)。
8. 《持久授權書條例》第5(2)(c)條。
9. 《持久授權書條例》第3條。

見證該持久授權書簽署的註冊醫生及事務律師不得是受權人、受權人的配偶，或與授權人或受權人有血緣或姻親關係的人。[10]

## 對受權人的要求及責任

持久授權書的受權人必須年滿18歲，並且不是已破產或精神上無行為能力行事的。受權人亦可以是一個信託法團。[11]

由於持久授權書賦予受權人的權力可以很廣泛，我們在選擇受權人時必須謹慎，並在授權書中清楚指明授予的權限。授權人不得將管理所有財產及財政事務的籠統權限授予受權人，否則該持久授權書將會無效。[12]

在授權人精神上無行為能力或精神上正在變為無行為能力時，受權人有責任向高等法院司法常務官申請將持久授權書註冊。[13]

受權人對授權人負有受信性質的責任，並有責任：[14]

1. 誠實盡責地行使其權力；
2. 備存妥當的賬目及紀錄；
3. 不在會與授權人產生利益衝突的情況下進行任何交易；
4. 不將授權人的財產與其他財產混合。

## 受權人的權限

持久授權書上必須指明受權人有權行事的特定事宜，[15] 例如：[16]

1. 收取須付予授權人的任何入息；
2. 收取須付予授權人的任何資金；
3. 出售授權人的任何動產；
4. 出售、出租或退回授權人的居所或任何不動產；
5. 使用授權人的任何入息；
6. 使用授權人的任何資金。

---

10. 《持久授權書條例》第5（2）（aa）條。
11. 《持久授權書條例》第6條。
12. 例如可參閱《持久授權書（訂明格式）規例》附表1表格1第6、7及10段（只委任一名受權人），及《持久授權書（訂明格式）規例》附表2表格2第6、7及11段（多名受權人）。
13. 參閱《持久授權書（訂明格式）規例》附表1表格1《持久授權書表格》B部第1條。
14. 《持久授權書條例》第12條。
15. 《持久授權書條例》第8條。
16. 《持久授權書（訂明格式）規例》附表1表格1《持久授權書表格》A部第2條。

　　授權人亦可列出需要受權人處理的特定財產或財政事宜。

　　如授權人希望限制受權人在有理由相信授權人精神上變為無行為能力之前不得代其行事，授權人可在持久授權書內指明有關限制。[17] 授權人亦可要求受權人在申請註冊持久授權書前，必須通知他或她本人。[18]

　　受權人只可向與授權人有關連的人士（包括受權人）作出季節性的饋贈，或在他們生日或結婚周年紀念日向他們作出饋贈，以及可向任何慈善組織作出饋贈，而該慈善組織是授權人可被預期會向其作出饋贈的。[19] 該等饋贈必須在顧及所有情況，尤其在顧及授權人的產業後，是屬合理的。[20] 如可預期授權人會為受權人或其他人士供應所需，該受權人亦可為自己或該等人士如此行事。[21]

　　如果授權人希望只委任一名受權人，他應使用表格1。如果授權人希望委任多於一名受權人，他應使用表格2。本章末列載了這些表格的樣本。

## 持久授權書制度與產業受託監管人制度的相互作用

　　你也許會問，如果我已簽立持久授權書，賦予權力給我的受權人管理我的財產及財政事宜，那麼我日後精神上變為無行為能力時，法庭是否仍需要為我委任產業受託監管人呢？

　　如上文所述，你不能在持久授權書中將處理所有財產及財政事務的籠統權限授予受權人，否則該持久授權書將被視作無效。

　　由於持久授權書賦予受權人的權力僅限於指明的財產及財政事宜，例如收取須付給你的入息或出售你的物業等，其他事務很有可能不被持久授權書涵蓋，並需要由法庭委任的產業受託監管人處理。

　　《精神健康條例》第11條賦予產業受託監管人的權力範圍較廣泛，而法庭可以決定持久授權書不包括的剩餘事宜是否超出持久授權書制度的權限。

　　在已簽立持久授權書的情況下考慮是否委任產業受託監管人時，法庭會確保賦予產業受託監管人的權力與持久授權書賦予受權人的權力沒有衝突或不一致的地方。

---

17. 《持久授權書（訂明格式）規例》附表1表格1《持久授權書表格》A部第3條。
18. 《持久授權書（訂明格式）規例》附表1表格1《持久授權書表格》A部第4條。
19. 《持久授權書條例》第8（3）（c）條。
20. 《持久授權書條例》第8（4）條。
21. 《持久授權書條例》第8（3）（b）條。

如果持久授權書中的受權人在實際管理精神上無行為能力人士事務的行為上受到嚴重指控時，法庭可考慮為了該精神上無行為能力人士的最佳利益著想，委任一名產業受託監管人管理該精神上無行為能力人士的財務，並有權調查該受權人的行為。[22]

在 *Re C v B* 一案 2018 年 3 月 2 日的判案書中，陸啟康法官清楚解釋了持久授權書制度與根據《精神健康條例》第 II 部委任產業受託監管人制度之間的相互關係，以及在已簽立持久授權書的情況下，根據《精神健康條例》第 II 部委任產業受託監管人而行使司法酌情權時要考慮的事項。如對這個法律範疇的發展感興趣，可參閱有關判案書。

因此，在某些複雜案件中，雖然已訂立持久授權書，法庭仍可能有必要委任產業受託監管人來代表精神上無行為能力的人，以涵蓋持久授權書忽略的、或不在持久授權書制度管轄範圍內的剩餘事宜。但當持久授權書可足夠涵蓋精神上無行為能力人士的財政事務時，法庭便無須委任產業受託監管人。

## 預設醫療指示

年滿 18 歲、在精神上仍有行為能力和知情的成年病人，可透過預設醫療指示，指明將來一旦精神上變為無行為能力時所希望接受的健康護理及／或治療。[23] 可是，預設醫療指示在香港沒有法律地位。[24] 雖然有論者認為根據普通法，預設醫療指示是有效並有法律約束力的，但香港並無相關法例。即便如此，一個人仍可為未來希望接受的醫療護理作出指示；除非該預設醫療指示受到質疑，否則該等決定會獲承認為有效。[25]

醫院管理局設計了一份預設醫療指示表格（見本章末），供該局的病人闡述遇到以下情況時指定的維持生命治療：[26]

---

22. 見陸啟康法官在 *Re C v B*, unrep., HCMH No 19 of 2016 一案 2018 年 3 月 2 日的判案書。
23. 見香港政府食物及衞生局發表的《在香港引入預設醫療指示概念諮詢文件》（《**預設醫療指示諮詢文件**》）第 3 及 6 段。
24. 見《預設醫療指示諮詢文件》第 12 段。
25. 香港法律改革委員會於 2006 年 8 月發表的《醫療上的代作決定及預設醫療指示》第 8.33 段；及《預設醫療指示諮詢文件》第 12 段。
26. 見 2016 年醫院管理局出版的《「預設照顧計劃」?「預設醫療指示」? 不作「心肺復甦術」? 病人、家屬知多些！》，載於：https://www21.ha.org.hk/smartpatient/SPW/MediaLibraries/SPW/SPWMedia/ACP-AD-DNACPR-Chi.pdf。

1. 病情到了末期，施行維持生命治療的作用，只在於延遲死亡一刻的來臨；

2. 持續植物人狀況或不可逆轉的昏迷狀況；

3. 其他晚期不可逆轉的生存受限疾病。

醫院管理局也設計了一份撤銷預設醫療指示的表格。[27]

有趣的是，雖然醫院管理局設計了預設醫療指示表格，供病情到了末期或處於持續植物人狀況或其他不可逆轉的晚期疾病的病人使用，以把他們的痛苦或尊嚴損害減至最低，但醫院管理局曾在某些個案中，拒絕將有關維持生命治療的病人預設醫療指示納入病歷紀錄。[28]

## 持續授權書

有見於持久授權書和預設醫療指示的限制，律政司在 2017 年 12 月提出《持續授權書條例草案》，以設立新的持續授權書制度，把持續授權書的適用範圍擴闊至涵蓋對授權人個人照護事宜及財政事宜的指示。[29] 與持久授權書一樣，持續授權書在授權人精神上變為無行為能力後，將仍然有效。[30]

可是，只有在承權人基於合理理由而相信授權人於精神上無能力就其個人照護事宜作出決定時，承權人方可就該等事宜行事。[31]

個人照護事宜是指關於授權人的福利事宜（財務事宜除外）。[32] 個人照護事宜的例子包括：[33]

1. 授權人居於何處；

2. 授權人與誰同住；

3. 授權人的日常衣著及膳食；

4. 授權人是否度假，及（如度假）往何處度假；

---

27. 《醫院管理局成年人預設醫療指示醫護人員指引》，載於：http://www.ha.org.hk/visitor/ha_visitor_index.asp?Content_ID=233583&Lang=CHIB5&Dimension=100&Parent_ID=200776。

28. 見〈公院醫生拒收病人瀕死指示〉，《蘋果日報》，2017 年 12 月 12 日。

29. 《持續授權書條例草案》第 3 條；及律政司於 2017 年出版的《持續授權書條例草案諮詢文件》第 15 段。

30. 《持續授權書條例草案》第 3 條。

31. 《持續授權書條例草案》第 3（5）條。

32. 《持續授權書條例草案》第 2 條。

33. 《持續授權書條例草案》第 6 條。

5. 是否拒絕任何特定個人接觸或聯絡授權人；
6. 關乎授權人個人照護的法律事宜；
7. 關乎授權人醫護服務的事宜。

承權人的權力限制包括不能決定對授權人進行續命治療、拒絕讓授權人接受續命治療、或終止授權人的續命治療，或為授權人訂立、更改或撤銷預設醫療指示。[34]

持續授權書的承權人必須年滿18歲和精神上具行為能力。若該持續授權書只關乎授權人的財務事宜，可由信託法團擔任承權人。[35]

持續授權書須符合訂明的格式。[36] 該等規定以《持久授權書條例》第3（1）及3（2）條的規定為依據。[37]

《持續授權書條例草案》建議的性質和範圍看來比持久授權書和監護制度更為廣泛。雖然對於授權人來說，持續授權書是更佳的策劃工具，因為它涵蓋的範圍包括授權人的財政事宜及個人照護事宜，而且在授權人精神上變為無行為能力後仍然有效，但我們必須審慎行事，以避免承權人濫用權力。

因此，政府有需要設立一個綜合法定機構以規管和監督承權人，確保受監護者及/或授權人的安全，不會被剝削或疏忽照顧，並需要一個轉介制度，在受監護者及/或授權人的健康及生活受到威脅時，可以轉介到其他機構接受協助。

---

34. 《持續授權書條例草案》第4及5條。
35. 《持續授權書條例草案》第8條。
36. 《持續授權書條例草案》第24及25條。
37. 見律政司《持續授權書條例草案諮詢文件》第26段。

文件：

持久授權書──表格1

---

第501A章　　　《持久授權書(訂明格式)規　　01/12/2013
　　　　　　　　　　例》

## 附表1

[第1A條]

## 表格1

**使用本表格須知**

1.　　本表格是法律文件，你可用本表格訂立一項持久授權書。
憑藉持久授權書，你可授權另一人(**受權人**)就你的財產及財政事
務代你行事。若你只擬委任一名受權人，便須使用本表格。日後
如你變為精神上無能力行事，受權人在將本表格送交高等法院司
法常務官註冊之後，便可代你作出決定。

2.　　*(由2013年第13號第59條廢除)*

3.　　你須填妥A部。

4.　　**A部第1段**：你須在A部第1段填上你欲委任為受權人的人的
姓名及地址。你委任為受權人的人須年滿18歲，而且不得是破產
或精神上無能力行事。受權人無須是律師。受權人須填妥B部，
並在一名見證人在場的情況下簽署本表格。

5.　　**A部第2段**：你不能將處理你所有財產及財政事務的概括權
限授予受權人，否則你的持久授權書將會無效。反之，你須在A
部第2段，指明你授權受權人就你的財產及財政事務辦理甚麼事
宜，或指明你授權受權人就哪些特定財產或特定財政事務行事。
例如，你可決定僅可就某一特定銀行戶口或某一特定物業行
事的權限，授予受權人。

6.　　**A部第3段**：你可隨意對你授予受權人的權限附加任何限
制。例如：受權人在有理由相信你正在變為精神上無能力行事之
前，不得代你行事，或受權人如欲訂立價值超過某指明款額的合
約，須先尋求法律意見，否則不得訂立該合約。你應該在A部第3
段列出這些限制。

7.　　除非你附加限制加以防止，否則受權人將能夠用你的任
何款項或財產，為受權人或其他人供應所需(但只限於可預期你
本人會如此行事的情況)。受權人亦能夠用你的款項作出饋
贈，但饋贈款額只限於就你的款項及財產的價值而言屬合理者。

8.　　受權人可收回以你的受權人身分行事而付出的實際現金付
款開支。如受權人是專業人士，例如會計師或律師，受權人可就
在以你的受權人身分行事時提供的任何專業服務收取費用。

9.　　如受權人有理由相信你精神上無能力管理你的事務，或
正在變為精神上無能力管理你的事務，受權人須向高等法院司法
常務官申請註冊本持久授權書。註冊將容許受權人在你變為精神
上無能力行事之後，為你作出決定。

10.　　**A部第4段**：如你希望在受權人向高等法院司法常務官申請
註冊本持久授權書之前獲得通知，或希望其他人獲得通知，你須
在A部第4段填上須予通知的人的姓名及地址。除你自己以外，你
還可填上最多2名須予通知的人。即使受權人未有通知你或你所
提名的人，亦不會令你的持久授權書不獲註冊或變成無效。然

而，在任何關乎該持久授權書的法律程序中，法院如認為適當，可基於你或獲提名人未獲通知一事而作出不利的推論。

11. **A部第7、9及10段**：你須在A部第7段簽署本表格，並填上你簽署時在場的註冊醫生及律師的姓名及地址。如你並非在註冊醫生及律師同時在場的情況下簽署，你須於你在註冊醫生面前簽署當日之後的28天內，在律師面前簽署。該名醫生及該名律師須分別在A部第9及10段填寫證明書，核證你在簽署本表格時是精神上有能力行事的。

12. **A部第8段**：如你身體上無能力親自簽署本表格，可指示別人代你簽署。在此情況下，A部第8段須予填寫，而該人則須在你本人及上述醫生及律師在場的情況下簽署該段。代你簽署的人不得是你的受權人或其配偶，亦不得是上述醫生或律師或該醫生或該律師的配偶。

13. 在你(或在你指示下代你簽署的人)於上述律師面前簽署本表格時，本表格即按照《持久授權書條例》(第501章)第10條作為持久授權書而生效。須留意，在本表格獲如此簽署之前，本表格並無作為持久授權書或普通的授權書的效力。然而，如你希望以某較後的日期或某較後的事件發生之時作為本持久授權書生效之時，你可如此選擇。在此情況下，你須在A部第5段指明該較後的日期或事件。

### 持久授權書表格(只委任一名受權人)

**A部**

*[本部須由委任受權人的人(授權人)填寫，但第9及10段則分別須由一名註冊醫生及一名律師填寫。你應該在填寫本表格前細閱於"使用本表格須知"的標題下提供的說明資料。除非你明白本表格的涵義，否則切勿簽署本表格。]*

1. **由授權人委任受權人**
   本人*[你的姓名]*.......................................................
   (*[你的身分證明文件]* .................................................持有人 ,
   地址為*[你的地址]*.......................................................
   .................................................................... ),
   現委任*[受權人的姓名]* ...............................................
   (*[身分證明文件]* ......................................................持有 ,
   人
   地址為*[受權人的地址]* ...............................................
   .................................................................... )
   根據《持久授權書條例》(第501章)擔任本人的受權人。

2. **受權人的權限**

*[你須指明你授權受權人辦理甚麼事宜。你不能將處理你所有財產及財政事務的概括權限授予受權人，否則你的持久授權書將會無效。你可(二擇其一)在第(1)分段藉剔選任何或所有適用的方格來指明你授權受權人辦理甚麼事宜，或不剔選任何方格，然則你須在第(2)分段列出你授權受權人就哪些特定財產或特定財政事務行事。如你剔選了第(1)分段的任何或所有方格，你仍可在第(2)分段列出任何特定財產或特定財政事務，授權受權人就該等財產或事務行事。切勿既不在第(1)分段剔選任何方格而又不在第(2)分段列出任何財產。]*

(1) 本人的受權人有權代本人行事如下：

☐ (a) 收取須付予本人的任何入息；

☐ (b) 收取須付予本人的任何資金；

☐ (c) 出售本人的任何動產；

☐ (d) 出售、出租或退回本人的居所或任何不動產；

☐ (e) 使用本人的任何入息；

☐ (f) 使用本人的任何資金。 *(2013年第13號第59條)*

☐ (g) *(由2013年第13號第59條廢除)*

(2) 本人的受權人有權就下列財產或財政事務代本人行事：*[如欲受權人只就你的某些財產或財政事務代你行事，你須在此處將之列出。]*

..................................................................................
..................................................................................
..................................................................................
..................................................................................

3. **對受權人的限制**

本持久授權書受以下條件及限制所規限：*[如欲對受權人行使任何權力的方式施加條件或限制，你須在此處將之列出。例如，你可限制受權人，在有理由相信你正在變為精神上無能力行事之前，不得代你行事。如你不欲施加任何條件或限制，則須刪去此段。]*

..................................................................................
..................................................................................
..................................................................................

4. **通知獲指名的人**

*[如不欲任何人(包括你自己)獲通知有申請將本持久授權書註冊一事，你須刪去第(1)及(2)分段。]*

(1) 本人的受權人在申請註冊本持久授權書之前，必須通知本人。*[如不欲獲得通知，你須刪去此分段。]*

(2) 本人的受權人在申請註冊本持久授權書之前，必須通知以下人士：*[此處填上(除你以外)最多2名須予通知的人的姓名及地址。如不欲其他人獲得通知，則須刪去此分段。]*

姓名：...................................................

地址：...................................................

姓名：...................................................

地址：...................................................

5. **持久授權書的生效**

   *[本持久授權書如在下列第7或8段所指的律師面前簽署，即於同日生效。如你希望指明某較後的日期或某較後的事件發生之時為本持久授權書生效之時，請填寫下列印有星號的句子。如你希望本授權書在它於律師面前簽署的同日生效，請刪去該句子。]*

   ＊本持久授權書在 ................................................................

   .............................. (在此處填上較後的日期或事件)生效。

6. **授權書繼續有效**

   本人屬意，即使本人日後變為精神上無能力行事，本持久授權書仍繼續有效。

7. **簽署**

   作為契據由本人簽署：*[在此簽署]* ................................

   日期：*[簽署日期]* ....................................................

   在場註冊醫生：*[註冊醫生的姓名及地址]* ........................

   ................................................................................

   ............................................................................ 。

   作為契據由本人簽署：*[在此簽署]* ................................

   日期：*[簽署日期]* ....................................................

   在場律師：*[律師的姓名及地址]* ...................................

   ................................................................................

   ............................................................................ 。

8. *[如你身體上無能力簽署本表格，並指示別人代你簽署，該人須在此段簽署，而第7段則須刪去。]*

   本持久授權書由以下人士在授權人的指示下並在授權人在場的情況下簽署：*[代簽者的姓名]* ................................

   (*[身分證明文件]* ..............................................持有人，

   地址為*[代簽者的地址]* .............................................

   .......................................................................... )。

   在授權人及註冊醫生在場的情況下作為契據簽署：*[代簽者簽署]* ....................................................................

   日期：*[簽署日期]* ....................................................

   在場註冊醫生：*[註冊醫生的姓名及地址]* ........................

   ................................................................................

   ............................................................................ 。

   在授權人及律師在場的情況下作為契據簽署：*[代簽者簽署]*

   ................................................................................

   日期：*[簽署日期]* ....................................................

   在場律師：*[律師的姓名及地址]* ...................................

   ................................................................................

   ............................................................................ 。

9. **註冊醫生的證明書**

本人核證：

(a) 本人信納授權人屬《持久授權書條例》(第501章)第2條所述的精神上有能力行事者；及

(b) 授權人在本人在場的情況下，簽署本表格，而授權人確認自己是自願簽署本表格的。*[如本表格由別人代授權人簽署，此項陳述須刪去。]*

(c) ................................................................
........................... *[代授權人簽署的人的姓名]*
在授權人及本人在場的情況下，在授權人的指示下代授權人簽署本表格。*[如本表格由授權人簽署，此項陳述須刪去。]*

註冊醫生簽署：................................................
簽署日期：........................................................

10. **律師的證明書**

本人核證：

(a) 授權人看似屬《持久授權書條例》(第501章)第2條所述的精神上有能力行事者；及

(b) 授權人在本人在場的情況下，簽署本表格，而授權人確認自己是自願簽署本表格的。*[如本表格由別人代授權人簽署，此項陳述須刪去。]*

(c) ................................................................
........................... *[代授權人簽署的人的姓名]*
在授權人及本人在場的情況下，在授權人的指示下代授權人簽署本表格。*[如本表格由授權人簽署，此項陳述須刪去。]*

律師簽署：........................................................
簽署日期：........................................................

**B部**

*[本部須由受權人填寫。]*

1. 本人明白本人有責任在授權人精神上無能力行事或正在變為精神上無能力行事時，根據《持久授權書條例》(第501章)向高等法院司法常務官申請將本表格註冊。

2. 本人亦明白本人只具有該條例第8(3)及(4)條所訂定的有限權力以動用授權人的財產讓授權人以外的人受益，並明白本人根據該條例第12條負有的責任和法律責任。

3. 作為契據由本人簽署：*[受權人簽署]* ........................
日期：*[簽署日期]* ..........................................
在場見證人：*[見證人的簽署及姓名、地址(授權人不得擔任見證人)]*
................................................................
................................................................

*(附表1由2011年第25號第13條代替)*

持久授權書——表格2

第501A章　　《持久授權書(訂明格式)規 例》　　01/12/2013

## 附表2

[第1A條]

## 表格2

**使用本表格須知**

1.　　本表格是法律文件,你可用本表格訂立一項持久授權書。憑藉持久授權書,你可授權另一人就你的財產及財政事務代你行事。若你擬委任多於一人代你行事,便須使用本表格。日後如你變為精神上無能力行事,你所委任的人(**受權人**)在將本表格送交高等法院司法常務官註冊之後,便可代你作出決定。

2.　　(由2013年第13號第60條廢除)

3.　　**A部第2段**:你須決定受權人將會 ——
  (a)　共同行事(即他們須全體一同行事,而不能分開行事);抑或
  (b)　共同和各別行事(即他們可全體一同行事,但如他們意欲分開行事,則亦可分開行事)。

3.　　你須在A部第2段表明你的決定。須留意,如受權人將會共同行事,一旦任何一名受權人破產或死亡,本授權書即根據法律被撤銷。

4.　　你須填妥A部。

5.　　**A部第1段**:你須在A部第1段填上你欲委任為受權人的人的姓名及地址。你委任為受權人的人均須年滿18歲,而且不得是破產或精神上無能力行事。受權人無須是律師。每名受權人均須填妥B部,並在一名見證人在場的情況下簽署本表格。

6.　　**A部第3段**:你不能將處理你所有財產及財政事務的概括權限授予受權人,否則你的持久授權書將會無效。反之,你須在A部第3段,指明你授權受權人就你的財產及財政事務辦理甚麼事宜,或指明你授權受權人就哪些特定財產或特定財政事務行事。例如,你可決定僅可就某一特定銀行戶口或某一特定物業行事的權限,授予受權人。

7.　　**A部第4段**:你可隨意對你授予受權人的權限附加任何限制。例如:受權人在有理由相信你正在變為精神上無能力行事之前,不得代你行事,或受權人如欲訂立價值超過某指明款額的合約,須先尋求法律意見,否則不得訂立該合約。你應該在A部第4段列出這些限制。

8.　　除非你附加限制加以防止,否則受權人將能夠動用你的任何款項或財產,為受權人或其他人供應所需(但只限於可預期你本人會如此行事的情況)。受權人亦能夠動用你的款項作出饋贈,但饋贈款額只限於就你的款項及財產的價值而言屬合理者。

9.　　受權人可收回他們以你的受權人身分行事而付出的實際現金付款開支。如受權人當中有人是專業人士,例如會計師或律師,該受權人可就在以你的受權人身分行事時提供的任何專業服務收取費用。

10.　　如受權人有理由相信，你精神上無能力管理你的事務，或正在變為精神上無能力管理你的事務，受權人須向高等法院司法常務官申請註冊本持久授權書。註冊將容許受權人在你變為精神上無能力行事之後，為你作出決定。

11.　　**A部第5段**：如你希望在受權人向高等法院司法常務官申請註冊本持久授權書之前獲得通知，或希望其他人獲得通知，你須在A部第5段填上須予通知的人的姓名及地址。如你決定受權人可分開行事，你亦可提名任何不參與註冊申請的受權人為須予通知的人。除你自己及任何不參與註冊申請的受權人以外，你還可填上最多2名須予通知的人。即使受權人未有通知你或你所提名的人，亦不會令你的持久授權書不獲註冊或變成無效。然而，在任何關乎該持久授權書的法律程序中，法院如認為適當，可基於你或獲提名人未獲通知一事而作出不利的推論。

12.　　**A部第8、10及11段**：你須在A部第8段簽署本表格，並填上你簽署時在場的註冊醫生及律師的姓名及地址。如你並非在註冊醫生及律師同時在場的情況下簽署，你須於你在註冊醫生面前簽署當日之後的28天內，在律師面前簽署。該名註冊醫生及該名律師須分別在A部第10及11段填寫證明書，核證你在簽署本表格時是精神上有能力行事的。

13.　　**A部第9段**：如你身體上無能力親自簽署本表格，可指示別人代你簽署。在此情況下，A部第9段須予填寫，而該人則須在你本人及上述醫生及律師在場的情況下簽署該段。代你簽署的人不得是你的任何一名受權人或其配偶，亦不得是上述醫生或律師或該醫生或該律師的配偶。

14.　　在你(或在你指示下代你簽署的人)於上述律師面前簽署本表格時，本表格即按照《持久授權書條例》(第501章)第10條作為持久授權書而生效。須留意，在本表格獲如此簽署之前，本表格並無作為持久授權書或普通的授權書的效力。然而，如你希望以某較後的日期或某較後的事件發生之時作為本持久授權書生效之時，你可如此選擇。在此情況下，你須在A部第6段指明該較後的日期或事件。

**持久授權書表格(委任多於一名受權人)**

**A部**

*[本部須由委任受權人的人(**授權人**)填寫，但第10及11段則分別須由一名註冊醫生及一名律師填寫。你應該在填寫本表格前細閱於"**使用本表格須知**"的標題下提供的說明資料。除非你明白本表格的涵義，否則切勿簽署本表格。]*

1.　　**由授權人委任受權人**
　　　　本人*[你的姓名]* ...............................................................
　　　　(*[你的身分證明文件]* ...............................................持有人，
　　　　地址為*[你的地址]* ...........................................................
　　　　.................................................................................... )，
　　　　現委任：
　　　　(a)　　*[受權人的姓名]* ...............................................
　　　　　　　(*[身分證明文件]* ...........................................持有人，
　　　　　　　地址為*[受權人的地址]* .......................................
　　　　　　　...................................................................... )；

及

(b)    *[受權人的姓名]* ...........................................................

       *([身分證明文件]* ................................持有人　，

       地址為*[受權人的地址]* .....................................................

       .................................................................................　)

*[如委任多於2名受權人，請自行加入類似(a)及(b)分段的分段。]*

根據《持久授權書條例》(第501章)擔任本人的受權人。

2.    **受權人是否須共同行事**

*[你須決定受權人將會(a)共同行事；**抑或** (b)共同和各別行事。請參閱"**使用本表格須知**"部分中的第3段，並在下列陳述中刪去(a)或(b)，**否則你的持久授權書將會無效。**]*

本人根據第1段委任的受權人將——

(a)    共同行事。

**或**

(b)    共同和各別行事。

3.    **受權人的權限**

*[你須指明你授權受權人辦理甚麼事宜。你不能將處理你所有財產及財政事務的概括權限授予受權人，**否則你的持久授權書將會無效**。你可(二擇其一)在第(1)分段藉剔選任何或所有適用的方格來指明你授權受權人辦理甚麼事宜，**或**不剔選任何方格，然則你須在第(2)分段列出你授權受權人就哪些特定財產或特定財政事務行事。如你剔選了第(1)分段的任何或所有方格，你仍可在第(2)分段列出任何特定財產或特定財政事務，授權受權人就該等財產或事務行事。切勿既不在第(1)分段剔選任何方格而又不在第(2)分段列出任何財產。]*

(1)  本人的受權人有權代本人行事如下：

    ☐  (a)  收取須付予本人的任何入息；

    ☐  (b)  收取須付予本人的任何資金；

    ☐  (c)  出售本人的任何動產；

    ☐  (d)  出售、出租或退回本人的居所或任何不動產；

    ☐  (e)  使用本人的任何入息；

    ☐  (f)  使用本人的任何資金。　*(2013年第13號第60條)*

    ☐  (g)  *(由2013年第13號第60條廢除)*

(2)  本人的受權人有權就下列財產或財政事務代本人行事：*[如欲受權人只就你的某些財產或財政事務代你行事，你須在此處將之列出。]*

.................................................................................

.................................................................................

.................................................................................

4.　　**對受權人的限制**

本持久授權書受以下條件及限制所規限：*[如欲對受權人行使任何權力的方式施加條件或限制，你須在此處將之列出。例如，你可限制受權人，在有理由相信你正在變為精神上無能力行事之前，不得代你行事。如你不欲施加任何條件或限制，則須刪去此段。]*

.............................................................................................
.............................................................................................
.............................................................................................

5.　　**通知獲指名的人**

*[如不欲任何人(包括你自己)獲通知有申請將本持久授權書註冊一事，你須刪去第(1)、(2)及(3)分段。]*

(1) 本人的受權人在申請註冊本持久授權書之前，必須通知本人。*[如不欲獲得通知，你須刪去此分段。]*

(2) 申請註冊本持久授權書的受權人在提出申請之前，必須通知任何沒有參與申請的受權人。*[如你決定受權人可分開行事，又無需申請註冊本持久授權書的受權人通知任何沒有參與申請的受權人，則須刪去此分段。]*

(3) 本人的受權人在申請註冊本持久授權書之前，必須通知以下人士：*[此處填上(除你及受權人以外)最多2名須予通知的人的姓名及地址。如不欲其他人獲得通知，則須刪去此分段。]*

姓名：..................................................................................
地址：..................................................................................
姓名：..................................................................................
地址：..................................................................................

6.　　**持久授權書的生效**

*[本持久授權書如在下列第8或9段所指的律師面前簽署，即於同日生效。如你希望指明某較後的日期或某較後的事件發生之時為本持久授權書生效之時，請填寫下列印有星號的句子。如你希望本授權書在它於律師面前簽署的同日生效，請刪去該句子。]*

＊本持久授權書在....................................................................
.............................. (在此處填上較後的日期或事件)生
效。

7.　　**授權書繼續有效**

本人屬意，即使本人日後變為精神上無能力行事，本持久授權書仍繼續有效。

8.　　**簽署**

作為契據由本人簽署：*[在此簽署]* ...............................................
日期：*[簽署日期]* ...................................................................
在場註冊醫生：*[註冊醫生的姓名及地址]* ...................................

........................................................................................
........................................................................ 。

作為契據由本人簽署：*[在此簽署]* ........................................
日期：*[簽署日期]* ........................
在場律師：*[律師的姓名及地址]* ............................................
........................................................................................
........................................................................ 。

9. *[如你身體上無能力簽署本表格，並指示別人代你簽署，該人須在此段簽署，而第8段則須刪去。]*

本持久授權書由以下人士在授權人的指示下並在授權人在場的情況下簽署：*[代簽者的姓名]* ......................................
(*[身分證明文件]* ..................................................持有人 ，
地址為*[代簽者的地址]* .............................................................
........................................................................ ) 。

在授權人及註冊醫生在場的情況下作為契據簽署：*[代簽者簽署]*
日期：*[簽署日期]*
在場註冊醫生：*[註冊醫生的姓名及地址]* ..............................
........................................................................................
........................................................................ 。

在授權人及律師在場的情況下作為契據簽署：*[代簽者簽署]*

........................................................................................
日期：*[簽署日期]* ....................
在場律師：*[律師的姓名及地址]* ............................................
........................................................................................
........................................................................ 。

10. **註冊醫生的證明書**

本人核證：

(a) 本人信納授權人屬《持久授權書條例》(第501章)第2條所述的精神上有能力行事者；及

(b) 授權人在本人在場的情況下，簽署本表格，而授權人確認自己是自願簽署本表格的。*[如本表格由別人代授權人簽署，此項陳述須刪去。]*

(c) .............................................................
..................................... *[代授權人簽署的人的姓名]*
在授權人及本人在場的情況下，在授權人的指示下代授權人簽署本表格。*[如本表格由授權人簽署，此項陳述須刪去。]*

註冊醫生簽署：..................................................
簽署日期：..................................................

11. **律師的證明書**

本人核證：

(a) 授權人看似屬《持久授權書條例》(第501章)第2
條所述的精神上有能力行事者；及

(b) 授權人在本人在場的情況下，簽署本表格，而授
權人確認自己是自願簽署本表格的。*[如本表格
由別人代授權人簽署，此項陳述須刪去。]*

(c) ..................................................................
..................................... *[代授權人簽署的人的姓名]*
在授權人及本人在場的情況下，在授權人的指示
下代授權人簽署本表格。*[如本表格由授權人簽
署，此項陳述須刪去。]*

律師簽署：........................................................
簽署日期：........................................................

## B部

*[本部須由受權人填寫。如你決定受權人可分開行事，則獲委任的受
權人中須至少有一名受權人簽署本表格，本表格方能作為持久授權書
而生效。只有已簽署本表格的受權人才具有本持久授權書下的受權人
職能。]*

1. 我們明白我們有責任在授權人精神上無能力行事或正在變
為精神上無能力行事時，根據《持久授權書條例》(第501
章)向高等法院司法常務官申請將本表格註冊。

2. 我們亦明白我們只具有該條例第8(3)及(4)條所訂定的有限權
力以動用授權人的財產讓授權人以外的人受益，並明白我
們根據該條例第12條負有的責任和法律責任。

3. 作為契據由我們簽署：

(a) *受權人簽署及姓名：*......................................
..................................................................
*簽署日期：*..................................................
在場見證人：*[見證人的簽署及姓名、地址(授權人及
其他受權人不得擔任見證人)]*..............................
..................................................................
..................................................................
......................................................... ；

及

(b) *受權人簽署及姓名：*......................................
..................................................................
*簽署日期*..................................................
在場見證人：*[見證人的簽署及姓名、地址(授權人及
其他受權人不得擔任見證人)]*..............................
..................................................................
..................................................................
......................................................... 。

*[如委任多於2名受權人，請自行加入類似(a)及(b)分段的分
段。]*

*(附表2由2011年第25號第14條增補)*

預設醫療指示表格樣本

| 醫院管理局<br>HOSPITAL<br>AUTHORITY | 預設醫療指示 <sup>1</sup> | 請以正楷書寫或貼上病人標籤<br>入院／門診號碼：................................<br>姓名(英文)：...............(中文)................<br>身份證號碼：.........性別：.....年齡：.....<br>部門：........組別：......病房／床號：...../..... |

**第 I 部：此預設醫療指示作出者的詳細個人資料**

**姓名：**....................................................（請以正楷書寫）
**身份證號碼：**............................................
**性別：男性／女性**
**出生日期：____／____／____**
　　　　　　(日)　　(月)　　(年)

**住址：**...................................................................
............................................................................

**住宅電話號碼：**......................................
**辦事處電話號碼：**..................................
**手提電話號碼：**......................................

**第 II 部：背景**

1. 本人明白此指示的目的，是當本人病情到了末期，或處於持續植物人狀況或不可逆轉的昏迷，或有其他特定的晚期不可逆轉的生存受限疾病時，將本人所可能身受或造成的痛苦或尊嚴損害減至最低，並免卻本人的醫療顧問或親屬或兩者同時局負代本人作出困難決定的重擔。

2. 本人明白無論在任何情況下醫生／院方都不會執行安樂死，亦不會依循本人在治療方面的任何非法指示，即使本人明文要求這樣做亦然。

3. 本人_____（請清楚填上姓名）年滿 18 歲，現撤銷本人以前曾就自己的醫護及治療作出的所有預設醫療指示（如有的話），並自願作出下述預設醫療指示。

4.　　如經本人的主診醫生及最少另一名醫生診斷，證實本人是病情到了末期，或陷入不可逆轉的昏迷或處於持續植物人狀況，或有其他特定的晚期不可逆轉的生存受限疾病，以致無法參與作出關於自己的醫護及治療的決定，則本人對自己的醫護及治療的指示如下：

(註：填寫以下部分時請在適用的方格內加上剔號，在方格旁邊簡簽，並在任何不希望適用於自己的部分劃上橫線。)

¹ 表格由法律改革委員會(法改會)於 2006 年 8 月 16 日建議，根據食物及衞生局於 2009 年 12 月 23 日發表的諮詢文件更改，醫院管理局於 2010 年 5 月及 2014 年 6 月作出修訂及加上附註。

預設醫療指示　　HA 9611/MR

**(A)　第1類情況——病情到了末期**

（註：在此指示中——

"病情到了末期" 指患有嚴重、持續惡化及不可逆轉的疾病，而且對針對病源的治療毫無反應，預期壽命短暫，僅得數日、數星期或數月的生命；至於施行維持生命治療的作用，只在於延遲死亡一刻的來臨；及

"維持生命治療" 指任何有可能延遲病人死亡的治療，例子包括使用心肺復甦法、人工輔助呼吸、血液製品、心臟起搏器及血管增壓素、為特定疾病而設的專門治療（例如化學治療或透析治療）、在感染可能致命的疾病時給予抗生素、以及人工營養及流體餵養。（人工營養及流體餵養指透過導管餵飼食物和水份。））

☐　☐　本人不接受以下維持生命治療：

　　　　　☐　　　心肺復甦法

　　　　　☐　　　其他：_____

　　　　　　　　　_____

☐　除了基本護理和紓緩治療外，本人不接受任何維持生命治療 [2]。就本表格而言，非人工　的營養及流體餵養屬基本護理的一部分。

　　　　　☐　　　但如臨床判斷認為有需要的話，我想繼續接受人工的營養及流體餵養，直至死 亡臨近和不可避免為止。

**(B)　第2類情況——持續植物人狀況或不可逆轉的昏迷狀況**

（註：在此指示中——

"維持生命治療" 指任何有可能延遲病人死亡的治療，例子包括使用心肺復甦法、人工輔助呼吸、血液製品、心臟起搏器及血管增壓素、為特定疾病而設的專門治療（例如化學治療或透析治療）、在感染可能致命的疾病時給予抗生素、以及人工營養及流體餵養 [3]。（人工營養及流體餵養指透過導管餵飼食物和水份。））

☐　本人不接受以下維持生命治療：

　　　　　☐　　　心肺復甦法

　　　　　☐　　　其他：_____

　　　　　　　　　_____

☐　除了基本護理和紓緩治療外，本人不接受任何維持生命治療 [4]。就本表格而言，非人工　的營養及流體餵養屬基本護理的一部分。

　　　　　☐　　　但如臨床判斷認為有需要的話，我想繼續接受人工的營養及流體餵養，直至死亡臨近和不可避免為止。

---

[2] 應小心確定病人是否真的決定拒絕 "所有" 維持生命治療。

[3] 即使有預設醫療指示，從一個持續植物人狀況或不可逆轉的昏迷狀況的非末期病人身上移除人工的營養及流體餵養可以是具爭議的。有這項指示的病人當處於持續植物人狀況或不可逆轉的昏迷狀況，應請示醫院行政總監／聯網行政總監及醫院管理局總辦事處有否需要把個案呈上法庭處理。若病人希望在此部分作出指示移除人工的營養及流體餵養，或撤除所有維持生命的治療，應提醒他／她特別留意這點。

[4] 應小心確定病人是否真的決定拒絕 "所有" 維持生命治療。

**(C)** **第 3 類情況–其他晚期不可逆轉的生存受限疾病，即：**

_____

(註：在此指示中 –

"其他晚期不可逆轉的生存受限疾病" 指不劃入第 1 或第 2 類的嚴重、持續惡化及不可逆轉疾病，而病情已到了晚期，及生存受限，例子包括：

(1) 晚期腎衰竭病人、晚期運動神經元疾病或晚期慢性阻塞性肺病病人，因爲他們可能用透析治療或輔助呼吸治療維持生命，而不劃入第 1 類；以及

(2) 不劃入第 2 類的不可逆轉主要腦功能喪失及機能狀況極差的病人。

"維持生命治療" 指任何有可能延遲病人死亡的治療，例子包括使用心肺復甦法、人工輔助呼吸、血液製品、心臟起搏器及血管增壓素、為特定疾病而設的專門治療（例如化學治療或透析治療）、在感染可能致命的疾病時給予抗生素、以及人工營養及流體餵養。（人工營養及流體餵養指透過導管餵飼食物和水份。）

☐ 本人不接受以下維持生命治療：

  ☐　　　心肺復甦法

  ☐　　　其他：_____

_____

☐ 除了基本護理和紓緩治療外，本人不接受任何維持生命治療[5]。就本表格而言，非人工的營養及流體餵養屬基本護理的一部分。

  ☐但如臨床判斷認為有需要的話，我想繼續接受人工的營養及流體餵養，直至死亡臨近和不可避免為止。

5. 本人是在此預設醫療指示第 III 部所述的兩名見證人面前作此指示，而該兩名見證人並非根據下述文書享有權益的受益人：

  （i） 本人的遺囑；或

  （ii） 本人所持有的任何保險單；或

  （iii） 本人所訂立或代本人訂立的任何其他文書。

6. 本人明白可隨時撤銷此預設醫療指示[6]。

_____　　　　　_____
此預設醫療指示作出者的簽署　　　　　　　　　　　日期

**第 III 部：見證人**

**見證人須知：**
  見證人不得為根據下述文書享有權益的受益人——
  (i)　此預設醫療指示作出者的遺囑；或
  (ii)　此預設醫療指示作出者所持有的任何保險單；或
  (iii)　此預設醫療指示作出者所訂立或代此人訂立的任何其他文書。

_____

[5] 應小心確定病人是否真的決定拒絕 "所有" 維持生命治療。

[6] 如要撤銷指示，可直接在預設醫療指示表格上註明及簽署作實，或另紙書寫及簽署，並附連於預設醫療指示表格。

### 由見證人作出的陳述

**首名見證人**

（註：此見證人必須為註冊醫生，而此指示的作出者可選用一名不是其主診醫生或沒有診治過該作出者的醫生。）

(1) 本人（請清楚填上姓名）以見證人身份在下面簽署。

    (a) 就本人所知，此指示的作出者是自願作此指示；及

    (b) 本人已向此指示的作出者解釋作此指示的性質和後果。

(2) 本人聲明，此指示是在本人及下述第二名見證人的面前作出和簽署。

_____     _____

（首名見證人簽署）         （日期）

**姓名:**.......................................................

**身份證號碼／醫務委員會註冊號碼[7]:**.....................

**辦事處地址:**..........................................................

..........................................................

**辦事處電話號碼:**..........................................................

**第二名見證人**

（註：此見證人必須年滿 18 歲）

(1) 本人_____（請清楚填上姓名）以見證人身份在下面簽署。

(2) 本人聲明，此指示是在本人及上述首名見證人的面前作出和簽署；首名見證人已在本人面前向此指示的作出者解釋作此指示的性質和後果。

_____     _____

（第二名見證人簽署）         （日期）

**姓名:**..........................................................

**身份證號碼[8]:**..........................................

**住址／聯絡地址:**..........................................................

..........................................................

**住宅電話號碼／聯絡電話號碼:**..........................................................

[7] 醫管局員工不需要提供身份證明文件號碼／醫務委員會註冊號碼，因員工編號或醫院病房／科組的地址已足夠證明第一見證人的身份。

[8] 醫管局員工不需要提供身份證明文件號碼，因員工編號或醫院病房／科組的地址已足夠證明第二見證人的身份。

# 8 是否訂立遺囑?

我們在第七章探討了一些策劃工具,例如持久授權書、預設醫療指示、正待立法的持續授權書,當事人可以在仍有相關精神上行為能力時考慮訂立這些工具。

本章的主題是訂立遺囑。很多人尤其是一些育有特殊需要子女的家長,都很關注是否應該訂立遺囑和委任遺囑監護人,以確保他們身故後仍有人照顧其遺屬;其他人則會視訂立遺囑為財富及傳承規劃的一部分。

在考慮是否需要簽立遺囑前,應要對在沒有遺囑的情況下,遺產的處理方法有基本認識。

無訂立遺囑而去世者稱為「**無遺囑者**」。在香港,關於無遺囑者的遺產分配事宜受《無遺囑者遺產條例》(第73章)規管。

《無遺囑者遺產條例》亦涵蓋留有遺囑但當中並未處置立遺囑人所有物業及資產的情況。在這些情況下,《無遺囑者遺產條例》將對那些未根據遺囑處置的遺產部分具有效力。[1]

視乎無遺囑者是否遺下尚存的配偶、後嗣、父母或全血親兄弟姊妹,遺產將根據《無遺囑者遺產條例》條文按不同比例分配。

以下的常見情況說明無遺囑法例一般的施行情況。這些說明加上本章末的流程圖,可讓讀者對是否應訂立遺囑有基本了解。

1. 在管理死者的遺產時,第一條要問的問題是:**死者有否遺下尚存的配偶?** 如沒有,請參閱下文第5段。如有,則必須問:**死者有否遺下尚存的後嗣?** 如有,法例訂明死者的配偶會獲得遺產中的50萬港元,及淨遺產的一半。尚存子女若多於一個,會平分另一半剩餘遺產。[2]

---

1. 根據《無遺囑者遺產條例》第8條「對局部無遺囑的個案的適用範圍」的條款。
2. 《無遺囑者遺產條例》第4(3)條。

2. 如果死者遺下配偶，但沒有後嗣在生時，下一條問題是：**死者是否有遺下尚存的父母？**如沒有，請參閱下文第3段。如有，其配偶會獲得遺產中的100萬港元及剩餘遺產的一半，而死者遺下的父母會平分另一半剩餘遺產。[3]

3. 如果死者遺下配偶，但並無遺下尚存的後嗣或父母，下一條問題是：**死者有否遺下尚存的全血親兄弟姊妹或全血親兄弟姊妹的後嗣？**如果答案是沒有，請參閱下文第4段。如果答案是有，配偶可獲遺產中的100萬港元及剩餘遺產的一半。死者的全血親兄弟姊妹會平分餘下的另一半遺產。

4. 如果死者遺下配偶，但沒有遺下尚存的後嗣、父母、任何兄弟姊妹或兄弟姊妹的後嗣，則死者的配偶可獲淨遺產的絕對權益，即全部權益。

5. 如果死者並無遺下配偶，下一條問題是：**死者有否遺下尚存的後嗣？**如沒有，請參閱下文第6段。如有，其後嗣可繼承死者的所有遺產；如果死者遺下多於一個子女，其在生子女將平分其遺產。

6. 如果死者沒有遺下尚存的配偶或後嗣，下一條問題是：**死者有否遺下尚存的父母？**如沒有，請參閱下文第7段。如有，死者的父母將平分其遺產。

7. 如果死者沒有遺下尚存的配偶，亦無遺下尚存的後嗣與父母，下一條問題是：**死者有否遺下尚存的全血親兄弟姊妹或其後嗣？**如沒有，請參閱下文第8段。如有，死者的兄弟姊妹或其後嗣可根據《無遺囑者遺產條例》接收死者的遺產。[4]

8. 如果死者沒有遺下尚存的配偶，亦無遺下尚存的後嗣與父母，以及尚存的兄弟姊妹或其後嗣，死者的遺產即成為無主財物，屬於政府所有。[5]

上文及本章末的流程圖旨在提供與香港無遺囑法例有關的基本指引，並非詳盡無遺。如考慮訂立遺囑或準備財富及傳承規劃，你應諮詢事務律師以取得合適的法律意見。

---

3. 《無遺囑者遺產條例》第4(4)條。

4. 《無遺囑者遺產條例》第4(8)條。

5. 根據《遺產繼承(供養遺屬及受養人)條例》(第481章)及《無遺囑者遺產條例》第4(9)條。

## 何謂遺囑？

遺囑是一份書面聲明，列明一個人希望在身故後如何分配其資產。[6] 簽立遺囑的人稱為「**立遺囑人**」。

《遺囑條例》(第 30 章) 第 2 條定義「遺囑」是「包括遺囑更改附件及任何其他遺囑性質的文書或作為」。

遺囑須符合《遺囑條例》第 5 條的規定，方為有效；即必須以書面訂立，並由立遺囑人在最少 2 名同時在場的見證人面前簽署。見證人亦必須作見證並簽署該遺囑。換句話說，遺囑必須：

1) 以書面訂立；[7]
2) 由立遺囑人簽署，[8] 而立遺囑人是欲以其簽署而令該遺囑生效；[9] 及
3) 由立遺囑人在 2 名或以上同時在場的見證人面前簽署，見證人亦必須作見證並簽署該遺囑。[10]

## 須顧及的實際事宜

以下是簽立遺囑時須顧及的一些實際事宜：

### 1. 居籍地

你去世時的居籍地對你的課稅情況會有影響。除非你指明以某個國家為居籍地，否則你的居籍地將以出生時的居籍地為準，一般是父親的國籍或居籍地，而非你的出生地點。

### 2. 委任遺囑執行人

遺囑執行人是負責管理立遺囑人遺產的人。遺囑執行人受《受託人條例》(第 29 章) 規管。

---

6. Rebecca Ong, *A Guide to Wills and Probate in Hong Kong* (Hong Kong: Sweet & Maxwell, 2014), para 1.002.
7. 《遺囑條例》第 5 (1) (a) 條。
8. 同上。
9. 《遺囑條例》第 5 (1) (b) 條。
10. 《遺囑條例》第 5 條。

遺囑執行人必須在管理遺產時年滿21歲。[11] 如受益人之中有兒童，通常需要委任2名遺囑執行人。

立遺囑人最多可以委任4個人[12] 擔任遺囑執行人。如果有多於1名遺囑執行人，各遺囑執行人在獲委任後必須共同管理遺產。

## 3. 遺囑內容

遺囑內容可以包括喪禮安排、個人財物、遺贈及剩餘遺產的分配安排。

**個人財物**可以留贈給指定人士，即受益人。如果立遺囑人希望把個別財物或禮物留贈給指定受益人，他應在遺囑上列明；否則該份遺贈會列作剩餘遺產，在遺囑執行人的指示下分配給不同受益人，或被出售而所得款項將會撥歸遺產的現金餘款。

**遺贈**是有關金錢、股份或房地產物業的特定安排，包括對慈善機構的任何金錢遺贈。

**剩餘遺產**是在支付葬禮費用、遺產管理費、稅項、債務及任何指定遺贈後，所餘下的遺產。剩餘遺產通常佔遺產的大部分，立遺囑人可在遺囑中安排剩餘遺產的分配。

## 4. 未成年子女的監護權

你如果育有未成年子女，應該考慮委任遺囑監護人，在你的配偶去世後作為子女的監護人。遺囑執行人可以兼任遺囑監護人，你亦可委任另一個人，以免在信託人酌情撥款給監護人時有機會出現利益衝突。雖然如此，在對子女的監護權有爭議時，法庭會根據子女的最佳利益而決定獲得監護權的人選。因此，如果父母已離婚，委任遺囑監護人不能取代在生父母於法律上的權利。

## 5. 傷殘兒童

如其中一個遺產受益人在精神上無行為能力，或者是傷殘兒童，你應考慮與律師商討，為這些受益人訂立特別信託條文。

---

11. 《受託人條例》第36及37條。
12. 《受託人條例》第36條。

## 6. 供養他人的義務

除非遺囑內有特別條文，否則如果你在訂立遺囑後結婚，該份遺囑會自動失效。如果你有義務供養任何人，包括但不限於同居者或前配偶或普通法承認的配偶，無論是由於分居協議或法庭判令的要求，這些義務在你身故後仍然存在。

因此，在擬備遺囑及整體家庭財富的繼承計劃時，必須尋求適當的法律意見。

## 擬定和簽立遺囑時事務律師的角色

在近期的一份判案書中，張澤祐法官對事務律師在擬定和簽立遺囑時扮演的角色提出他的觀點。根據他的觀察，由於香港人口日漸老化，愈來愈多人擺脫了因為迷信而不在生前擬備遺囑的傳統心態，事務律師在立遺囑方面扮演的角色對香港社會而言十分重要。[13]

他列出事務律師在獲委任簽立遺囑之日前應要仔細查詢的事項如下（但並非詳盡無遺）：

1. 立遺囑人的年紀；
2. 立遺囑人的健康情況；
3. 立遺囑人的配偶是否仍然在世；
4. 立遺囑人的子孫數目；
5. 除了立遺囑人的直系親屬外，是否有其他人要依賴立遺囑人供養；
6. 立遺囑人希望供養的受益人；
7. 立遺囑人的財產；
8. 立遺囑人先前是否已簽立遺囑；
9. 立遺囑人是否理解新遺囑將廢除先前簽立的遺囑；
10. 立遺囑人是否理解新舊遺囑的分別。

事務律師在為年老或病重的立遺囑人擬備遺囑時，理想的做法是由醫生見證或核准遺囑的簽署，而該醫生須記錄他為立遺囑人所做的檢查，確定立

---

13. 見 2018 年 4 月 20 日就 CACC No 177/2017, [2018] HKCA 210 一案的上訴庭判決書。

遺囑人有能力「明白這行為的性質及影響」、「理解財產分配範圍」，以及「能夠理解及意識到簽立遺囑的人要指明的申索」。[14]

## 法定遺囑

精神上無行為能力人士是否可以簽立遺囑呢？

根據《精神健康條例》，[15] 法庭有權指示為精神上無行為能力的人簽立遺囑，預留若非因該人精神上無行為能力則本可由該人簽立遺囑而預留的任何款項。這稱為法定遺囑。

時任法官林文瀚在 Re CYL [2007] 4 HKLRD 218 一案中，訂明法庭在考慮是否根據《精神健康條例》[16] 為精神上無行為能力的人作出簽立法定遺囑的指示時，應有的要求和須顧及的事宜。

林法官解釋，除非法庭有合理的根據，相信病人無能力為自己訂立遺囑，[17] 否則法庭不能行使權力，作出為精神上無行為能力的人簽立遺囑的命令或指示。法庭無須查證當事人訂立遺囑的能力；法庭只需要有合理理由相信當事人無能力為自己訂立遺囑便可。[18]

當法庭信納當事人的精神上行為能力已達到要求，[19] 便會考慮是否應行使酌情權，授權為該精神上無行為能力的人簽立遺囑。[20]

在考慮是否行使酌情權時，法庭會根據《精神健康條例》考慮多項因素，[21] 其中首要考慮的事項是該精神上無行為能力的人的需要，即該精神上無行為能力人士的最佳利益。[22]

因此，法庭決定行使酌情權，為精神上無行為能力的人簽立遺囑時，必須在遺囑中訂立該精神上無行為能力的人 [23] 如果恢復全面的精神行為能力、記憶力及遠見，並取得充分法律意見時會訂立的條款。[24]

---

14. 見周家明法官 2017 年 7 月 4 日對 [2017] 4 HKLRD 284 一案的判決書。
15. 《精神健康條例》第 10B（1）（e）條。
16. 《精神健康條例》第 10B（4）（b）條。
17. 見 Re CYL 第 16 段。
18. 見 Re CYL 第 23 段。
19. 《精神健康條例》第 10B（4）（b）條。
20. 見 Re CYL 第 25 段。
21. 《精神健康條例》第 10A（2）條。
22. 見 Re CYL 第 31–32 段。
23. 相對於一個假設的人：見 Re CYL 第 35 段。
24. 見 Re CYL 第 34 至 38 段，尤其是第 36 段。

# 如死者沒有訂立遺囑……

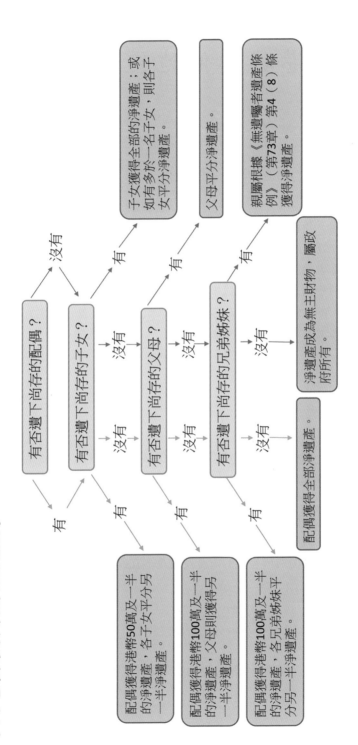

有否遺下尚存的配偶？

沒有 → 有否遺下尚存的子女？
- 沒有 → 子女獲得全部的淨遺產；或如有多於一名子女，則各子女平分淨遺產。
- 有否遺下尚存的父母？
  - 沒有 → 父母平分淨遺產。
  - 有否遺下尚存的兄弟姊妹？
    - 沒有 → 親屬根據《無遺囑者遺產條例》(第73章) 第4 (8) 條獲得淨遺產。
    - 有 → 淨遺產成為無主財物，屬政府所有。

有 →
- 有否遺下尚存的子女？
  - 有 → 配偶獲得港幣50萬及一半的淨遺產，各子女平分另一半淨遺產。
  - 有否遺下尚存的父母？
    - 有 → 配偶獲得港幣100萬及一半的淨遺產，父母則獲得另一半淨遺產。
    - 有否遺下尚存的兄弟姊妹？
      - 有 → 配偶獲得港幣100萬及一半的淨遺產，各兄弟姊妹平分另一半淨遺產。
      - 沒有 → 配偶獲得全部淨遺產。

\* 以上的流程圖旨在提供有關無遺囑法律的基本概念。如對此法律範疇有疑問或需要幫助，請諮詢你的事務律師以獲取合適法律意見。

# 9 香港與其他地區的比較

在本章，我會簡介英國及新加坡的相關精神健康法律制度，並指出香港現行的精神健康法律制度中若干需要及早檢討的範圍。

由於本書是為精神上無行為能力人士的照顧者而寫，而非深入探討精神健康法律的學術著作，因此以下的討論只為提高社會關注，拋磚引玉，鼓勵在香港現行的精神健康法律制度下，從事照顧精神上無行為能力及有特殊需要人士的專業人士作進一步討論。

## 英國

### 保護法庭

英國有一個特別的專門法庭，稱為保護法庭，按照《2005年精神上行為能力法令》（Mental Capacity Act 2005），處理與精神上無行為能力的人有關的事宜。

保護法庭有權宣布一個人的精神行為能力，委任和罷免負責精神上無行為能力人士個人福利及事宜的代理人，就授權方面的糾紛作出裁決，並且為精神上無行為能力的成年人的財產及財政事宜或健康及福利，作出其他司法判決。

### 代理人

英國的代理人職能類似於香港的產業受託監管人與監護人的**結合**。

如果精神上無行為能力人士未有以永久授權書委任受權人，有關人士可向保護法庭提出申請委任代理人。[1] 代理人可就精神上無行為能力人士的健康、福利及財政事務，擔任其代表。[2] 代理人必須年滿18歲，[3] 通常是該精神上無行為能力人士的親人或好友。[4] 信託法團只可在財政事務方面擔任精神上無行為能力人士的代理人，而不可在健康及福利方面擔任其代理人。[5]

《2005年精神上行為能力法令》第20條列明對代理人的權力限制。例如代理人必須按該精神上無行為能力人士的最佳利益行事。[6]

保護法庭亦可要求代理人為其管理的資產提供保證，[7] 以便對該精神上無行為能力人士提供額外保障。法庭對於保證金的款額有酌情權。[8]

代理人亦受公眾監護人辦事處監管，[9] 並需向公眾監護人辦事處提交報告。[10]

## 公眾監護人辦事處

公眾監護人由司法大臣委任，[11] 扮演行政的角色。[12] 香港沒有與公眾監護人辦事處相等的機構。它的職能包括監管代理人，備存永久授權書及代理人委任令的登記冊，以及指示探視人探視永久授權書受權人及代理人。

探視人分為「**一般探視人**」及「**特別探視人**」。[13] 一般探視人沒有醫護資格，負責對代理人進行例行檢查，以確保代理人明白和妥善履行責任。特別探視人通常是醫生，須由司法大臣委任。只在精神上無行為能力人士的能力出現問題時，特別探視人才需要探視代理人。

---

1. 《2005年精神上行為能力法令》第19條。
2. 《2005年精神上行為能力法令》第19（6）條。
3. 《2005年精神上行為能力法令》第19（1）條。
4. A. Kimberley Dayton, ed., *Comparative Perspectives on Adult Guardianship* (Durham, NC: Carolina Academic Press, 2014), 144.
5. 《2005年精神上行為能力法令》第19（1）（b）條及同上。
6. 《2005年精神上行為能力法令》第20（6）條。
7. 《2005年精神上行為能力法令》第19（9）（a）條。
8. Dayton, *Comparative Perspectives on Adult Guardianship*, 145.
9. 《2005年精神上行為能力法令》第58（1）（c）條。
10. 《2005年精神上行為能力法令》第19（9）（b）條及58（1）（f）條。
11. 《2005年精神上行為能力法令》第57（2）條。
12. Dayton, *Comparative Perspectives on Adult Guardianship*, 146.
13. 同上，第147頁；及見《2005年精神上行為能力法令》第61條。

公眾監護人辦事處亦會發布指引，以便履行該辦事處的職能，包括對代理人的指引，[14] 以及調查代理人及永久授權書受權人的投訴。[15]

## 永久授權書受權人

由 2007 年 10 月 1 日開始，英國的持久授權書已由永久授權書取代。永久授權書受權人可獲保護法庭協助，但不受保護法庭或公眾監護人辦事處監管。[16]

根據永久授權書獲委任的受權人的權力可受限制，例如受權人只可向預期該精神上無行為能力人士會作出饋贈的有親屬關係或有關連的人或慈善機構，作出慣常的饋贈。饋贈的價值相對於該精神上無行為能力人士的產業而言，必須是合理的。[17]

持久授權書與永久授權書的主要差別在於，永久授權書可以在授權人精神上變為無行為能力前由授權人或受權人登記，同時如果授權人具有精神上行為能力，即可由授權人撤銷永久授權書，而無須獲得保護法庭的許可。[18]

## 新加坡

在新加坡，《心智能力法令》（Mental Capacity Act 2008）在 2010 年 3 月開始實施。新加坡的《心智能力法令》與英國的《2005 年精神上行為能力法令》相似。[19]

14.《2005 年精神上行為能力法令》第 58（1）(i) 條。

15.《2005 年精神上行為能力法令》第 58（1）(h) 條。

16. 見 The Law Commission (LAW COM. No. 122), Report on *The Incapacitated Principal* (London, July 1983), 44, para 4.78，及 Dayton, *Comparative Perspectives on Adult Guardianship*, 150。

17.《2005 年精神上行為能力法令》第 12（2）條。

18.《2005 年精神上行為能力法令》第 9（2）及 13（2）條，以及 Dayton, *Comparative Perspectives on Adult Guardianship*, 150。

19. Roger C. Ho, Cyrus S. Ho, Nusrat Khan, and Ee Heok Kua, "An Overview of Mental Health Legislation in Singapore" (2015), *BJPsych International*. https://www.ncbi.nlm.nih.gov/pmc/articles/PMC5618915/。

## 法庭

新加坡的情況與香港相似，似乎沒有專門負責的保護法庭為精神上無行為能力人士處理事宜。

新加坡的高等法院或家事法院[20]有權宣布一個人是否有精神上行為能力，[21]就與精神上無行為能力人士的個人福利及/或財產事宜有關的事作出命令，[22]委任代理人就與精神上無行為能力人士的個人福利及/或財產事宜有關的事作出決定，[23]以及就授權相關的事宜作出判決。[24]

## 代理人

在新加坡，代理人的角色類似於香港的產業受託監管人和監護人，以及英國的代理人。

和英國相似，有關人士可向高等法院或家事法院申請委任代理人，[25]代理人會作為精神上無行為能力人士的代表，為該人的個人福利及財產事宜作出決定。[26]與英國不同的是，新加坡的代理人必須年滿21歲。[27]

代理人的權力受《心智能力法令》第25條限制，有關權限與英國的《2005年精神上行為能力法令》類似。同樣地，高等法院或家事法院可要求代理人向新加坡的官方監護人提交報告，和為該代理人管理的資產提供保證。[28]

## 官方監護人辦公室

在新加坡，官方監護人由政府部長委任，其職能[29]與英國的公眾監護人大致相似。

---

20. 新加坡《心智能力法令》第2條。
21. 新加坡《心智能力法令》第19條。
22. 新加坡《心智能力法令》第20、22及23條。
23. 新加坡《心智能力法令》第20、24及25條。
24. 新加坡《心智能力法令》第17及18條。
25. 新加坡《心智能力法令》第24條。
26. 新加坡《心智能力法令》第24（7）條。
27. 新加坡《心智能力法令》第24（1）條。
28. 新加坡《心智能力法令》第24（10）條。
29. 新加坡《心智能力法令》第31（1）條。

可是，新加坡的官方監護人有額外權力調查任何違反《心智能力法令》條文的情況，[30] 以及要求任何擁有精神上無行為能力人士資料的人提供該等資料。[31]

## 永久授權書受權人

在新加坡，授權人可就個人福利及財產事宜簽立永久授權書。[32] 和英國不同的是，受權人必須年滿21歲。[33]

在新加坡，永久授權書受權人的權力與英國不同。如果永久授權書內有明確授權，則受權人可作出相應的饋贈。如果永久授權書內沒有訂明禮物的價值，受權人在考慮所有情況及該精神上無行為能力人士的最佳利益後，可作出合理價值的饋贈。[34]

授權人可在仍有精神上行為能力時撤銷永久授權書，而無須向法院申請。[35]

## 香港

香港**沒有專門成立的保護法庭**，處理與精神上無行為能力人士有關的事宜。《精神健康條例》賦予原訟法庭權力，可根據《精神健康條例》第 II 部宣布一個人的精神行為能力，以及就精神上無行為能力人士的財務管理作出命令。

原訟法庭的司法常務官每年會收到產業受託監管人提交的賬目，再作出需要的審計，確定其為真確完整地反映該精神上無行為能人士的產業財政狀況後予以批核。

除了審批每年的賬目外，法庭可要求該產業受託監管人提供保證，並就自該精神上無行為能力人士的產業中撥款支付產業受託監管人的酬金，作出法庭認為合適的命令。

---

30. 新加坡《心智能力法令》第31（1）（i）及（j）條。
31. 新加坡《心智能力法令》第32條。
32. 新加坡《心智能力法令》第11條。
33. 新加坡《心智能力法令》第12（1）條。
34. 新加坡《心智能力法令》第14條。有關其他權限，見第13及14條。
35. 新加坡《心智能力法令》第15（1）條。

因此，當專業的產業受託監管人，例如事務律師及會計師，受他們各自的專業團體規管時，獲委任的產業受託監管人則不受原訟法庭或任何其他辦事處監督，而且可能不知道自己的法定責任。

此外，香港**沒有公眾監護人及/或公共受託人辦事處**。

監護委員會有權覆核監護令，處理精神上無行為能力人士的福利及監護人的財政權限，而財產及財務的管理則由原訟法庭負責。

由於人口老化，精神上無行為能力人士的數目上升，對監護委員會及原訟法庭的支援必須增加。目前，監護委員會及原訟法庭是由社會福利署署長和法定代表律師提供支援，這方面的支援必須擴大，以應付與日俱增的工作量。

香港**沒有永久授權書制度**。現時的持久授權書的權限範圍，只適用於授權人的財政事務，[36] 亦只可在授權人有精神上行為能力或獲法庭確認後才能撤銷。[37]

在關於待立法的持續授權書的討論中，有意見建議把受權人的權限擴闊至涵蓋就授權人的個人護理及財政事務作出指示。事實上，香港法律改革委員會已在 2006 年檢視過這個法律範疇的缺漏，並已建議檢討有關條文，但《持續授權書草案》諮詢文件在 2017 年 12 月才推出，距離香港法律改革委員會發表報告已差不多 12 年。

---

36. 《持久授權書條例》第 8 條。
37. 《持久授權書條例》第 13（1）（c）條。

# 10 未來的路

那麼香港未來的路應該怎麼走呢？

以下是一些應要考慮的提議。

首先，香港沒有一個綜合法定機構去規管和監督監護人、產業受託監管人，以及持久授權書受權人或正待立法的持續授權書承權人等不同角色的工作。

本港也未有設立保護法庭去保護被監護或一般的精神上無行為能力人士，亦沒有公眾監護人辦事處或公共受託人（代理人）辦事處。有關工作目前由原訟法庭和監護委員會在社會福利署署長及法定代表律師的支援下分擔。

再者，雖然各政府及非政府機構已採取很多出色措施，但公眾未必可以輕易接觸這些措施。毫無疑問，如果進一步綜合推廣和加強現有的服務及資源，以滿足人口急速老化所帶來的需求，定必有利於這些措施的普及。

因此，香港在精神健康法例及監護制度方面有迫切需要進行重大改革，以迎接未來數十年的挑戰。

## 改革建議

### 1. 綜合現有措施

令人鼓舞的是，隨著人口老化與公眾要求加強對患有認知障礙症的長者及其照顧者的支援，香港政府適時回應訴求，在推廣和加強為有特殊需要人士而設的精神健康及福利服務方面已取得重大進展。

2016年1月，衞生署推出一個為期三年的全港性心理健康推廣計劃「好心情@HK」，目標是提高公眾對心理健康推廣的參與，和增加公眾對精神健康的知識及了解。好心情@HK計劃現已完結，由精神健康諮詢委員會和衞生

署協力推行的「陪我講 Shall We Talk」計劃取而代之。「陪我講 Shall We Talk」計劃於 2020 年 7 月 11 日正式開展，繼續推廣精神健康和加強公眾教育。

2017 年 2 月，食物及衛生局聯同醫院管理局及社會福利署，推出一個為期兩年的先導計劃「智友醫社同行計劃」，為患有認知障礙症的長者提供社區支援服務。

而且，根據一份 2017 年 3 月 28 日發布的立法會文件，政府已採用跨界別及跨專業的方式，為認知障礙症患者提供全面照顧。

在公眾教育方面，醫院管理局亦在其一站式資訊平台「智友站」網頁，提供有關認知障礙症、醫護及社區資源的資料。[1]

由香港大學法律學院與計算機科學系合辦的法律及資訊科技研究中心提供的「社區法網」，設立了多個雙語網站，市民可在其中迅速尋找相關法律資料，包括為有特殊需要人士及其照顧者提供的支援。此外還有一個「長者社區法網」，專門為香港長者而設，協助他們尋找免費或受資助的法律協助。

然而，我們仍需要繼續推動不同政府部門攜手合作，包括食物及衛生局、民政事務局、勞工及福利局、衛生署、醫院管理局、法定代表律師辦事處、社會福利署、安老事務委員會、康復專員、新設立的兒童事務委員會，以備人口急劇老化時，推廣和加強現有的精神健康及福利服務。

目前為長者及有特殊需要人士而設的設施和服務，零星散布，使照顧者及家屬無從入手。如果不同的政府決策局及部門與非政府機構攜手合作，香港社會必然受惠。

## 2. 設立保護法庭與公眾監護人辦事處及/或公共受託人（代理人）辦事處

設立保護法庭以審理與受權人有關的糾紛，以及其他與精神上無行為能力的成年人的財產及財政事宜或健康及福利有關的司法裁決，將有助司法機構更有效處理將會大幅增加的案件。

與此同時，應考慮設立獨立的公眾監護人辦事處及/或公共受託人（代理人）辦事處，擴大監護委員會的權力。

---

1. 本書附錄二列出各政府及非政府機構的資源。

## 3. 修訂現行精神健康法例中的不明確辭彙

現行法例中某些辭彙的定義有修訂需要，以更符合國際標準，為有特殊需要人士提供更全面的護理，並尊重他們的自由及尊嚴。

例如《精神健康條例》第2條把「精神上無行為能力」界定為「精神紊亂」或「弱智」。而「精神紊亂」被進一步界定為：

> (a) 精神病；(b) 屬智力及社交能力的顯著減損的心智發育停頓或不完全的狀態，而該狀態是與有關的人的異常侵略性或極不負責任的行為有關連的；(c) 精神病理障礙；或 (d) 不屬弱智的任何其他精神失常或精神上無能力。

可是《精神健康條例》沒有進一步解釋何謂「精神病」或「不屬弱智的任何其他精神失常或精神上無能力」。[2]

因此，決定當事人是否有精神疾病及/或其他形式的精神上無能力的重擔，便落在個別醫生身上。[3] 事實上，自《精神健康條例》於1960年制定以來，對「精神紊亂」一直未有明確的定義。[4] 因此，我建議為「精神紊亂」作出更詳細的定義，以反映目前對精神健康的了解。

## 結語

到了2064年，香港單身長者的數目預期會增至113萬人，[5] 而65歲或以上的人士當中約有十分之一，和80歲或以上的人士當中約有三分之一很可能患上認知障礙症，這是造成精神上無行為能力的常見原因。香港必須未雨綢繆，為這情況對社會造成的影響做好準備。

讓我們同心合力，改善教育水平，推廣對精神健康、長者及特殊需要議題的認識；提供訓練以檢測和預防精神退化，防止對精神上無行為能力的人施以肉體及精神虐待和侵吞財富；設計復康計劃；以及利用預設護理計劃工具，創造一個更美好的社會。

---

2. 香港法律改革委員會報告書《醫療上的代作決定及預設醫療指示》(香港：政府印務局，2006年8月)，第70頁，第6.3段。

3. 同上，第71頁，第6.4段。

4. 同上，第73頁，第6.11及6.13段。

5. "The 'Dementia Tsunami' and Why Hong Kong Isn't Ready to Cope with Expected Surge in Cases as Population Ages," *South China Morning Post*, 16 April 2018.

　　希望你閱畢本書後，會對香港的精神健康制度及資源有更深入的認識。
我謹此促請各立法者繼續推動建立更先進的法律框架及社會保障制度，以保
護有特殊需要的兒童、成年人及長者的健康和財政狀況。

　　**目前，行動已刻不容緩。**

# 附錄一：法律及醫學辭彙

## 根據香港法例的法律定義

1. **實證病人**（Certified Patient）指按照《精神健康條例》（第 136 章）第 36 條的條文被羈留在精神病院的人。[1]

2. **產業受託監管人**（Committee of the Estate）指由法庭根據《精神健康條例》第 11 條委任的受託監管人，以按照法庭的命令或指示，就精神上無行為能力人士的財產及事務行事。

3. **持久授權書**（Enduring Power of Attorney）指賦予受權人就授權人的財產及財政事務行事的權限，該項授權不會因授權人日後變為精神上無行為能力而撤銷。[2]

4. **監護人**（Guardian）指由監護委員會發出監護令委任作為年滿 18 歲的精神上無行為能力人士的監護人的人士。[3]

5. **一般授權書**（General Power of Attorney），以《授權書條例》的附表所載格式訂立的一般授權書，賦權予以下人士，以代授權人作出授權人可透過受權人合法作出的任何事情：
（a）授權書的獲授權人；或
（b）如獲授權人多於一名，則為共同行事的獲授權人，或共同或各別行事的獲授權人。[4]

---

1. 見《精神健康條例》第 2 條。
2. 見《持久授權書條例》（第 501 章）第 2、5 及 8 條。
3. 見《精神健康條例》第 2 條及 IVB 部。
4. 見《授權書條例》（第 31 章）第 7 條。

**6. 精神紊亂**（Mental Disorder）指：

（a）精神病；

（b）屬智力及社交能力的顯著減損的心智發育停頓或不完全的狀態，而該狀態是與有關的人的異常侵略性或極不負責任的行為有關連的；

（c）精神病理障礙；或

（d）不屬弱智的任何其他精神失常或精神上無能力。[5]

**7. 精神紊亂的人**（Mentally Disordered Person）指任何患有精神紊亂的人。[6]

**8. 弱智**（Mental Handicap）指低於平均的一般智能並帶有適應行為上的缺陷。[7]

**9. 弱智人士**（Mentally Handicapped Person）指弱智的人或看來屬弱智的人。[8]

**10. 精神上無行為能力**（Mental Incapacity）指：

（a）精神紊亂；或

（b）弱智[9]

**11. 精神上無行為能力的人**（Mentally Incapacitated Person）指：

（a）就《精神健康條例》第 II 部而言，指因精神上無行為能力而無能力處理和管理其財產及事務的人；或

（b）就所有其他目的而言，指病人或弱智人士，視乎屬於何種情況而定。[10]

**12. 病人**（Patient）指患有精神紊亂或看來患有精神紊亂的人。[11]

**13. 接受觀察病人**（Patient under Observation）指按照《精神健康條例》第 31 或 32 條的條文被羈留在精神病院的人。[12]

**14. 精神病理障礙**（Psychopathic Disorder）指長期的性格失常或性格上無能力（不論是否兼有顯著的智力減損），導致有關的人有異常侵略性或極不負責任的行為。[13]

---

5. 見《精神健康條例》第 2 條。

6. 同上。

7. 同上。

8. 同上。

9. 同上。

10. 見《精神健康條例》第 2 及第 11 條。

11. 見《精神健康條例》第 2 條。

12. 同上。

13. 同上。

## 醫學定義（對於精神上無行為能力的常見成因）[14]

1. **阿滋海默症**（Alzheimer's Disease），為最常見的一種認知障礙症，是一種慢性神經退化病，會導致認知及功能衰退。

2. **自閉症**（Autism），為一種腦部發育障礙，特徵是：
(a) 多方面的社交溝通及社交互動能力障礙，例如語言／非語言／社交─情緒的互動功能；
(b) 重複刻板及有限的行為、興趣和活動模式。
自閉症人士可以有或沒有智力障礙。

3. **躁鬱症**（Bipolar Disorder）是一種重度情緒障礙，特徵是時而躁狂，時而抑鬱或兩者混合發作。躁狂期的特徵是情緒高漲，例如亢奮、興高采烈、精神愉快，或有時會易怒、過度活躍、精力旺盛、專注力不足、無法或不願意去睡，似乎有無窮精力等。

4. **妄想**（Delusions）是一些不受相反事實所糾正的堅信不移信念，內容可以包括一系列主題（例如被迫害、關係、身體、宗教或不切實際的事）。

5. **認知障礙症**（Dementia 或 Major Neurocognitive Disorders），特徵是在一項或以上的認知範圍／高皮質功能上有顯著的認知下降（包括：注意力、執行力、學習記憶、言語、知覺─運動，或社會認知）。同時，嚴重的認知障礙足以影響日常獨自活動。

6. **癲癇**（Epilepsy）是一種慢性神經系統疾病，會造成非誘發性的反覆抽搐。癲癇發作是腦電波活動突發變異，造成間歇性行為／感官怪異／精神狀態改變／失去意識。

7. **精神分裂症**（Schizophrenia）是一種嚴重的慢性精神病，患者以反常的方法詮釋世界。精神分裂症會導致出現幻覺、妄想、思維混亂（又稱為思考形態障礙）、行為失常以致影響日常生活，並造成傷殘。

8. **中風**（Stroke），又稱作**腦血管意外**（Cerebrovascular Accident, CVA），是醫學上的緊急情況，指由於腦動脈血管阻塞（即缺血性中風）或撕裂（即出血性中風），導致腦部的血液供應受損，腦部缺氧造成腦細胞突然死亡。中風的症

---

14. 對於下列定義的詳情，請參閱 *Mosby's Medical Dictionary*, 10th Edition。

狀視乎腦部受影響的位置而異,最常見的症狀是一邊的身體乏力或癱瘓,或失去知覺。說話、吞嚥、平衡力及視覺也可能受到影響。

# 附錄二：香港的政府及非政府機構資源名錄

## 政府資源

1. 智友站（https://www21.ha.org.hk/smartpatient/SPW/zh-hk/Home/）

2. 智老友（https://www21.ha.org.hk/smartpatient/SmartElders/zh-hk/Welcome/）

3. 陪我講 Shall We Talk（shallwetalk.hk）

4. 社會福利署安老院舍照顧服務
（https://www.swd.gov.hk/tc/index/site_pubsvc/page_elderly/sub_residentia/）

5. 長者健康服務網站（http://www.elderly.gov.hk/cindex.html）

6. 智友醫社同行計劃
（https://www.fhb.gov.hk/cn/press_and_publications/otherinfo/180500_dcss/dcss_index.html）

7. 安老服務統一評估機制
（https://www.swd.gov.hk/tc/index/site_pubsvc/page_elderly/sub_standardis/）

8. 安老事務委員會
（http://www.elderlycommission.gov.hk/cn/About_Us/Introduction.html）

## 非政府機構資源

1. 長者社區法網（http://s100.hk/tc/）

2. 社區法網（http://www.clic.org.hk/tc/）

3. 香港認知障礙症協會（http://www.hkada.org.hk/）

4. Autism Partnership（http://www.autismpartnership.com.hk/zh/）

5. 香港唐氏綜合症協會（http://www.hk-dsa.org.hk/）

6. 長者安居協會（https://www.schsa.org.hk/tc/home/index.html）

7. 新生精神康復會（https://www.nlpra.org.hk/default.aspx）

8. 聖雅各福群會（https://sjs.org.hk/tc/front/front.php）

9. 基督教懷智服務處（http://www.wjcs.org.hk/Chi/b5_m1_1.aspx）

10. 基督教靈實協會（https://www.hohcs.org.hk/）

11. 匡智會（http://www.hongchi.org.hk/b5_about_intro.asp）

12. 協康會（https://www.heephong.org）

13. 香港耆康老人福利會（https://www.sage.org.hk/default.aspx?lang=zh-HK）

14. 健腦網（https://www.loveyourbrain.org.hk/zh-hant）

15. 樂回家（https://www.e1668.hk/?lang=zh-Hans）

16. 高錕慈善基金（https://www.charleskaofoundation.org）

17. 香港小童群益會（https://www.bgca.org.hk/?locale=zh-HK）

18. 香港大學秀圃老年研究中心（http://ageing.hku.hk/）

19. 香港理工大學活齡學院（http://iaa.apss.polyu.edu.hk/）

20. 精神健康資訊匯（mipcrc.org.hk/zh/）

## 日間護理中心／護理院舍

1. 賽馬會耆智園（http://www.jccpa.org.hk/tc/home/index.html）

2. 香港明愛—長者社區中心／日間護理中心／院舍服務
（https://www.caritas.org.hk/zh/service/elderly/location）

3. 健智支援服務中心
（https://cc.sjs.org.hk/?route=services-detail&sid=35&lang=1）

4. 香港防癌會賽馬會癌症康復中心（https://www.jccrc.org.hk）

5. 賽馬會朗愉居
（http://www.tungwahcsd.org/tc/our-services/elderly-services/care-attention-home/
JCBV/introduction）

6. 仁愛堂歐雪明腦伴同行中心（http://www.clareaaueldergarten.yot.org.hk/）

7. 循道衛理中心老人服務（https://www.methodist-centre.com/decc/tc/home）

8. 廣蔭頤養院（http://hkcccu.kych.org.hk/）